Análisis de las relaciones de defensa entre España y ciertos países de la península arábiga

Análisis de las relaciones de defensa entre España y ciertos países de la península arábiga En especial el material de defensa español en Yemen

Yago Rodríguez Rodríguez

Año de publicación, 2016

Primera edición: 2016

ISBN 978-1-365-30477-4

Nombre online: Mister X

https://misterxanlisis.wordpress.com/

https://www.youtube.com/c/MisterXT

Información sobre pedidos:

Existen descuentos especiales disponibles cuando se adquieran ciertas cantidades por corporaciones, asociaciones, educadores y otros. Para más detalles, póngase en contacto con el editor en la dirección arriba o contacte con Mister X Tel: 650 743 257 o con el correo electrónico minstertipo@gmail.com

Dedicación

A mis padres y a mi hermano

Muchísimas gracias ya que sin vuestra ayuda y paciencia
este trabajo no hubiera sido posible, y yo ni siquiera habría
empezado este ilusionante proyecto

Índice de abreviaturas

DDHH	Derechos Humanos
DI	Derecho Internacional
EAU	Emiratos Árabes Unidos
EEMD	Documento de estadísticas españolas de exportación de material de defensa, de otro material y de productos y tecnologías de doble uso
FFAA	Fuerzas Armadas
IED	Artefacto Explosivo Improvisado
SIPRI	Stockholm International Peace Research Institute

Índice

Prólogo

El objetivo de este análisis es conocer y profundizar en las relaciones comerciales entre la industria de defensa española y los países que conforman el núcleo de la península arábiga, con el fin de estudiar y conocer los errores y aciertos de las ventas españolas en esa área del planeta y en especial su participación en el conflicto de Yemen.

Los países que se tratarán serán en orden alfabético los siguientes: Arabia Saudita, Bahréin, Catar, Emiratos Árabes Unidos (EAU), Omán y Yemen. Se han seleccionado estas naciones por su afinidad geopolítica así como porque en conjunto tienen gran relevancia para las ventas de material de defensa español en el exterior.

Una de las fuentes principales del presente trabajo ha sido el documento *"Estadísticas españolas de exportación de material de defensa, de otro material y de productos y tecnologías de doble uso"* (EEEMD, en adelante) elaborado anualmente desde 1999 por la Secretaría de Estado de Comercio, dependiente del Ministerio de Economía y Competitividad del Gobierno de España.

En dichos documentos se distingue entre las ventas "autorizadas" y "realizadas", así como entre material de "defensa" y de "doble uso". En el presente trabajo se procurará utilizar las cifras de ventas realizadas sin que ello obste a que en algunas ocasiones se usen las autorizadas, que son lógicamente menos fidedignas. De otro lado, por la enorme complejidad que entrañaría tratar el material de doble uso, no va a ser objeto de estudio en este trabajo que, por lo tanto, se centrará en el análisis exclusivamente del material de defensa.

Los mencionados documentos oficiales, a pesar de ser aún notablemente opacos al no especificarse concretamente el material vendido, han supuesto un salto cualitativo importante en la transparencia de nuestra venta de material de defensa al exterior. Justo es reconocer que se puede constatar una evolución positiva en cuanto a la precisión de los datos desde que se emitió el primer documento en 1999 hasta hoy en día, sin perjuicio de que actualmente las ventas siguen sin ser transparentes, lo que conlleva notables incertidumbres.

Los numerosos datos económicos así como las gráficas que se exponen en el presente trabajo están basados únicamente en estos documentos anuales editados por la Secretaría de Estado de Comercio.

Respecto a otras fuentes, hemos utilizado informaciones periodísticas y en particular fotografías extraídas de internet cuidadosamente seleccionadas y descritas. En todo caso se deja constancia de la dirección digital de donde procede la fuente en cada momento aludida a lo largo de este trabajo, para que el lector pueda cotejarla. Aunque no ignoramos que el hecho de acudir a este tipo de fuentes siempre puede ser objeto de discusión y crítica, lo cierto es que en una materia como la venta de armas, en la que abunda el secretismo, hemos considerado imprescindible acudir a esa herramienta global que es internet a falta de otras fuentes científicamente más admisibles.

Por último, al final de este trabajo se incluirá una reflexión del autor acerca de la estrategia de venta de armamento español en relación con los Derechos humanos y el Derecho Internacional.

Parte I - Implicaciones y generalidades sobre la industria de defensa en Esña

¿A qué llamamos industria de defensa?

Podemos entender por industria de defensa aquel conjunto de empresas que en parte o en su totalidad se dedican expresamente al diseño o fabricación de material de defensa susceptible de ser usado como disuasión o directamente en un conflicto armado limitando potencialmente de forma directa las capacidades ofensivas o defensivas de un adversario y aumentando las capacidades defensivas u ofensivas del adquiriente.

En el sector de defensa puede incluirse en parte también el de la seguridad. El término industria de defensa se asocia directamente a elementos militares (armamento pesado, armamento ligero, aeronaves, buques, etc.), mientras que otras empresas dedicadas a la seguridad suelen producir material de doble uso (militar o civil) que puede ser vendido a empresas privadas o a las Fuerzas Armadas (FFAA en adelante) de los estados. En este último supuesto estaría, por ejemplo, una empresa que vende ciertos productos químicos susceptibles de ser usados para trabajos industriales o para la fabricación de armas químicas.

En el presente análisis nos centraremos en lo que podríamos llamar defensa pura, no en los productos de doble uso o en la industria de seguridad.

¿Qué implicaciones tiene la industria de defensa para un país?

La industria de defensa no debe ser contemplada como un mero sector de la economía productiva de un país ya que, aparte de las propiamente económicas, tiene implicaciones políticas, internacionales, militares, geopolíticas y geoestratégicas.

Una vez se alcanza un determinado y amplio volumen de ventas por parte de una nación a otra, de tal forma que para la adquirente suponga una fuente imprescindible para el abastecimiento de sus FFAA, se produce lo que podríamos llamar dependencia político-militar. Se puede definir este fenómeno como aquella situación en la que un país depende fundamentalmente del abastecimiento militar regular procedente de otra nación hasta el punto de que esa dependencia militar se traduce en una dependencia política directa del país suministrado respecto del país suministrador.

Esto se explica porque la adquisición por un país de forma masiva de material de defensa foráneo también conlleva la adquisición de la forma y doctrina de uso de dicho material así como el mantenimiento asociado al mismo. Todo ello a lo largo de un período largo de tiempo provoca que el ejército adquirente se sitúe en una posición de dependencia material y sobreespecialización táctica y doctrinal al aprender únicamente a operar bajo la doctrina y material del suministrador, por lo que, de cortarse el suministro material a corto plazo, esta fuerza sería incapaz de operar de forma eficaz ya que no tendría a su disposición una doctrina y material conocidos, entrenados y realizables.

Ejemplo de esta situación de dependencia y sobreespecialización material y doctrinal, que provoca dependencia político-militar, es el del Ejército Árabe Sirio con respecto al ruso. Siria ha sido provista desde hace varias décadas en su práctica totalidad de material soviético/ruso y, en consecuencia, únicamente ha aprendido a operar bajo una doctrina de guerra mecanizada y un material bélico a la soviética, lo que le impidió adaptarse bien a un conflicto civil que poco tenía que ver con el escenario para el que se pensó dicha doctrina.

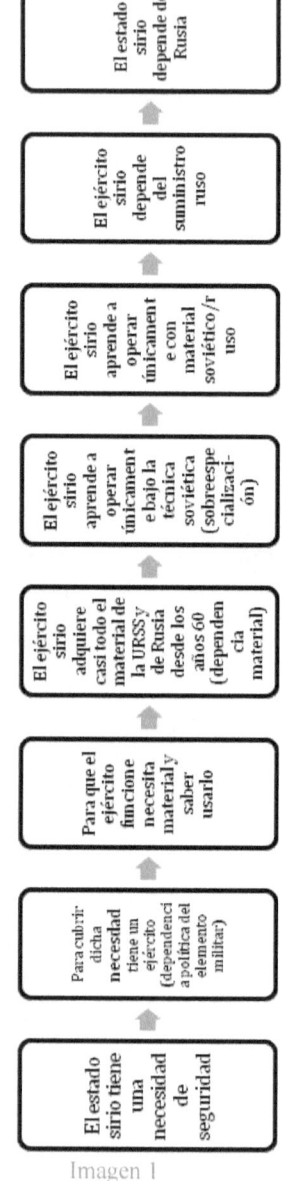

Imagen 1

El estado sirio tiene una necesidad de seguridad → Para cubrir dicha necesidad tiene un ejército (dependencia política del elemento militar) → Para que el ejército funcione necesita material y saber usarlo → El ejército sirio adquiere casi todo el material de la URSS y de Rusia desde los años 60 (dependencia material) → El ejército sirio aprende a operar únicamente bajo la técnica soviética (sobreespecialización) → El ejército sirio aprende a operar únicamente con material soviético/ruso → El ejército sirio depende del suministro ruso → El estado sirio depende de Rusia

Resulta obvio que en la medida en que no se dependa de proveedores militares extranjeros por ser capaz un país de fabricar su propio material, la independencia y fortaleza política serán mayores, lo que redundará en una mayor libertad de actuación en el campo de la geopolítica y las relaciones internacionales, reduciendo desde luego la posibilidad y virulencia de presiones externas.

En el caso de España existen al menos 136 empresas dedicadas a la industria de defensa[1], pero en realidad la inmensa mayoría sólo lo hace parcialmente. De hecho, como empresas de gran tamaño esencialmente centradas en el sector de defensa encontramos principalmente EADS-CASA en el sector aeronáutico, Navantia en el sector naval y Santa Bárbara Sistemas, Instalaza y Expal en el sector terrestre.

Se aprecia que España tiene una cierta industria militar independiente capaz de producir algunos materiales, aunque no lo suficientemente grande para abastecer de forma unilateral a un ejército o país aliado. En este sentido, lograr que un país tenga una dependencia político-militar total de España se antoja prácticamente imposible.

Nuestra industria de defensa se basa en la venta de forma más o menos esporádica e irregular de material bélico sin existir una gran relación de suministro constante con clientes concretos. Además la mayor parte del material vendido consiste en productos que pueden ser suplidos por otras naciones.[2]

---

[1] Según el Directorio de la Industria Militar en España del Centro de Estudios Para la Paz JM Délas, dependiente de la Fundación Justícia i Pau de Barcelona

[2] Los grandes productores, EEUU, Rusia, China y Francia ofrecen productos similares en todos los campos y aparte hay otras naciones que ofrecen algunos productos sustitutivos de los que pueda vender España

¿En qué beneficia a España su industria de defensa?

Desde el punto de vista del I+D+i la industria de defensa de cualquier país suele tener una gran importancia, ya que una parte de las innovaciones realizadas en el campo militar son aplicables a la vida civil. Recordemos que internet o los satélites espaciales fueron fruto de la investigación militar.

Las industrias de alta tecnología civil y militar mantienen cauces de comunicación y cooperación, siendo fundamental para cualquier país poseer una industria militar fuerte con la que disponer de una fuente constante de innovación.

En cuanto al volumen de ventas generado por las exportaciones españolas de material de defensa, entre los años 2003 y 2014 ha ido aumentando de forma casi continuada, lo que demuestra la buena capacidad de diseño y producción de nuestra industria de defensa (ver Gráfico 1).

Gráfico 1 - Volumen de ventas por la exportación de material de defensa entre 2003 y 2014 (€)

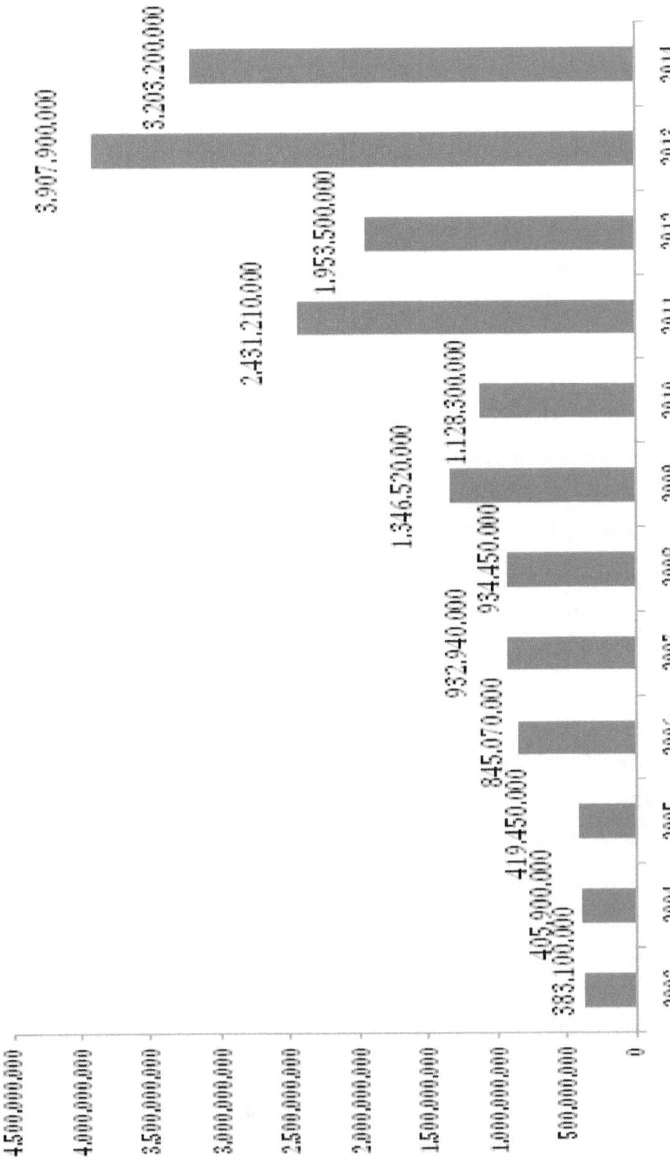

4.500.000.000
4.000.000.000
3.500.000.000
3.000.000.000
2.500.000.000
2.000.000.000
1.500.000.000
1.000.000.000
500.000.000
0
383.100.000
405.900.000
419.450.000
845.070.000
932.940.000
934.450.000
1.346.520.000
1.128.300.000
2.431.210.000
1.953.500.000
3.907.900.000
3.203.200.000
2003
2004
2005
2006
2007
2008
2009
2010
2011
2012
2013
2014

3

[3] Datos obtenidos de los documentos de EEEMD de los años 2008, 2011 y 2014.

¿Cómo es la industria de defensa española?

España no tiene las posibilidades económicas de inversión en su industria militar que sí pueden tener países más grandes como Estados Unidos, Rusia, China o Francia, entre otros.

Por eso la mayor parte de nuestra industria de defensa no se dedica exclusivamente a producir material militar, lo que implica en gran medida una comunicación más fluida y una separación menos diferenciada entre el sector de la investigación civil y militar. Claro ejemplo de esto son empresas como Iveco o Indra.

Por otra parte, aunque la industria militar española teóricamente la conforman empresas privadas independientes, al ser de facto un sector estratégico y una herramienta fundamental para los intereses nacionales existe un notable control sobre las mismas por parte del Estado. En este sentido existe un entramado de mecanismos legales, administrativos y burocráticos que dificultan enormemente que una transacción de material de defensa pueda pasar desapercibida.

Es difícil que se pueda producir una exportación de material de defensa de cierta envergadura sin que ésta sea previamente aprobada desde los correspondientes organismos político-estatales.[4]

Por otra parte, en cuanto a las capacidades de producción de vehículos, armamento y municiones, que al fin y al cabo son los elementos más básicos del campo de batalla, España tiene una importante capacidad de diseño y fabricación.

En el campo terrestre, España ha diseñado vehículos como el BMR-600 Pegaso, el URO Vamtac o el cañón Santa Bárbara Sistemas 155/52. También hubo proyectos que se quedaron en nada como el carro de combate nacional *"Lince"* y otros casos en los que se han producido bajo licencia vehículos extranjeros

---

[4] Uno de los mecanismos es la Licencia Global de Transferencia de Material de Defensa que cuenta con requisitos como el certificado de último destino que es concedido por la autoridad competente del país importador

de cierta complejidad como el Leopardo 2E, versión española producida bajo licencia por Santa Bárbara Sistemas[5] del Leopard 2A6 alemán.

Así se lleva sopesando y negociando desde 2011 la venta de 250 carros de combate Leopardo 2E, que se producirían y fabricarían en España, con destino a Arabia Saudita.[6] A día de hoy se desconoce el estado de estas negociaciones.

Desde el punto de vista naval, principalmente la empresa Navantia tiene capacidad de fabricar y diseñar buques de asalto anfibio (con posibilidades de portaaeronaves), fragatas, corbetas, patrulleros y submarinos, entre otros.[7]

A corto plazo se espera la construcción y venta definitiva en España de cinco corbetas Avante 2200 con destino Arabia Saudita.[8] De hecho la construcción de las mismas en Cádiz supuso un cierto debate político acerca de la relación moralidad/practicidad de aceptar esta clase de contratos en material, que es más que susceptible de ser usado en conflictos problemáticos desde el punto de vista ético y del Derecho Internacional.

Por último, desde el punto de vista aéreo, nuestra industria destaca en el plano del transporte aéreo militar y en menor medida en otros proyectos de cooperación europea de aeronaves de combate como el *"Eurocopter Tiger"* o el *"Eurofighter Tyhpoon"*, así como en la construcción de algunos drones fruto de la cooperación europea y nacional.

Ciertamente en lo que más despunta España es en la venta al exterior de aviones de transporte, siendo la realizada a los países de la península arábiga particularmente relevante. Conviene tener en cuenta que la producción de aviones de

---

[5] https://www.gdels.com/esp/products/others_1.asp

[6] http://www.infodefensa.com/es/2011/04/08/noticia-el-dgam-visito-arabia-saudi-para-continuar-los-contactos-sobre-el-leopardo-2e.html

[7] Buques fabricados por Navantia: http://www.navantia.es/interior.php?id_sec=3&id_pag=265

[8] http://www.infodefensa.com/es/2016/01/18/noticia-contrato-navantia-arabia-saudi-cerca.html

transporte militar está muy relacionada con la industria de aviones de transporte civil, claro ejemplo de la cooperación existente entre el I+D+i militar y civil que apuntábamos más arriba. En concreto destaca la firma EADS-CASA, que es una de las mayores diseñadoras y productoras de esta clase de aeronaves. Como veremos en este trabajo más adelante, las ventas de aeronaves suponen la mayor parte de las exportaciones realizadas por España a los países de la península arábiga.

Al margen de los vehículos o el material pesado, se puede decir que España posee la capacidad actual o potencial de producir la inmensa mayoría de las municiones convencionales que se consumen, desde balas hasta misiles pasando por bombas de aviación, cohetes antitanque o proyectiles de artillería. De esto se encargan principalmente las empresas Instalaza, Explosivos Alaveses (Expal) y Santa Bárbara Sistemas (esta última, recordemos, es una filial de la estadounidense General Dynamics).

Parte II - Relaciones políticas, económicas y militares de España con las naciones de la península arábiga

Para hablar de la venta de material de defensa por parte de España a las naciones de la península arábiga tratadas en este trabajo conviene observar el contexto político, económico y militar en que se producen dichas relaciones.

Relaciones políticas

A priori parece que no existe una gran relación política entre España y Arabia Saudita y los demás países arábigos, o más bien esta relación pasa un tanto desapercibida en los medios de comunicación.

En España tanto los cargos elegidos democráticamente como los ministros encargados de ejecutar la política en esta materia no tienen una continuidad más allá de una o dos legislaturas, de ahí que no puedan mantener relaciones continuadas con los potenciales clientes de nuestro material de defensa.

De otro lado, determinadas figuras como el monarca u otras con una carga política mucho menor (al menos en teoría) permanecen por décadas lo que permite cimentar relaciones a largo plazo. Así, resulta obvia la relación entre la corona española y la saudita. No en vano se demostró la influencia del monarca Juan Carlos I a la hora de lograr que el proyecto del AVE de Medina a la Meca acabara en manos de empresas españolas.[9]

No debemos olvidar que muchos contratos armamentísticos, más aún con las monarquías absolutas, dependen tanto de ofertar un buen producto como de mantener unas buenas relaciones (incluso personales) con el comprador. En este sentido, entendemos conveniente para los intereses de España la existencia en su seno de instituciones duraderas que ayuden a cimentar las susodichas relaciones y que supongan un empuje extra a la exportación a países con un poder político concentrado en personas individuales, como son precisamente los países de la península arábiga.

De otra parte, entrando en la política pura de los partidos nacionales, resulta claro que existe una posición un tanto ambigua y contradictoria en muchos puntos respecto a la exportación de material de defensa y sus técnicas asociadas. La mínima relación política con una *no-democracia* es presentada en los medios de comunicación para desgastar al partido en el Gobierno y provocar críticas internas. Como ejemplo podemos señalar el revuelo que surgió a raíz de la reunión que mantuvo

---

[9] http://www.elmundo.es/elmundo/2012/01/14/economia/1326540527.html

hace unos pocos años el presidente Mariano Rajoy con el presidente Teodoro Obiang, dictador de la pequeñísima Guinea Ecuatorial. Y si se produjo una enorme polémica por un dictador de un país menor, cabe imaginar lo que hubiera ocurrido si este hubiera sido un reconocido autócrata como lo es Salman bin Abdulaziz, monarca de Arabia Saudita.

Pensamos que en gran medida esta presión pública puede estar justificada por evitar suministrar material susceptible de ser utilizado en un conflicto contrario al Derecho Internacional, pero a pesar de ello existe cierta incoherencia.

El problema es que hay una disfunción política entre la nivel nacional y el nivel local. A nivel nacional la firma de contratos de venta de material militar a naciones de dudoso respeto a los Derechos Humanos se critica con fiereza. Por otro lado, desde los mismos partidos que a nivel nacional defienden estas posiciones se apoya a nivel local esta clase de contratos. Ello porque se busca el voto local ya que la firma de contratos con países como Arabia Saudí supone una inyección de capital y trabajo sumamente beneficiosa, tal y como se aprecia en ciudades con astilleros como El Ferrol o Cádiz. Además, la industria de defensa genera un empleo de calidad para personal altamente cualificado. Resulta obvio que lo que a nivel nacional no pasa una gran factura electoral tiene mayor repercusión a nivel local, sobre todo en las áreas con importantes intereses en la industria de defensa.

Desde el punto de vista internacional e histórico España es un país que ha mantenido unas relaciones relativamente neutrales respecto a las naciones de la península arábiga, por eso en este aspecto no existen precedentes incómodos para las relaciones bilaterales.

Dentro de los principales países tratados en este artículo conviene establecer que, aunque todos dependen o se ven afectados en gran medida por las políticas adoptadas por Arabia

Saudita, lo cierto es que EAU y sobre todo Bahréin están mucho más vinculados a las decisiones de aquel país que Catar u Omán.

En el caso de Catar ha mantenido una política exterior más independiente. En especial destaca en el campo de la comunicación la cadena Al Jazeera, un éxito de la agenda política independiente catarí.

Respecto a Omán, es seguramente el país más inocuo de todos, en parte debido a que tiene cantidades de petróleo inferiores a otros países de la península arábiga y en parte por las relaciones mantenidas con Gran Bretaña. Este país es de los pocos que ha seguido manteniendo relaciones con Irán y ha llevado a cabo una política dirigida a la neutralidad y a no inmiscuirse en asuntos políticos y militares en el extranjero. Además, el respaldo y la alianza estratégica con el Reino Unido, sobre todo desde el punto de vista militar y de la seguridad, han fomentado su estabilidad. Por resumirlo, es un país que trata de llevarse bien con todo el mundo y que a día de hoy busca evitar cualquier acción militar fuera de sus fronteras.

Por último, destaca Yemen, el país más pobre e inestable de la península arábiga. Ya fue escenario de costosas batallas en los años sesenta en los que la intervención del presidente egipcio Gamal Abdel Nasser apoyando a Arabia Saudita les salió a ambos muy cara. Hoy en día se ha producido una importante intervención militar terrestre, aérea y naval sobre aquel país por parte de una coalición de países organizados y encabezados por Arabia Saudita. Se puede decir que es un país dividido en medio de una guerra civil con tintes políticos, étnicos y religiosos en que una facción sunita es apoyada desde el extranjero por varias naciones del Golfo Pérsico y otra facción chiíta es apoyada en menor proporción por Irán.

Relaciones económicas

Las relaciones en general entre Arabia Saudita y España tienen su principal pilar en lo económico, ya que el factor político es secundario y accesorio del primero.

En el año 2008 se firmó el Acuerdo general de cooperación entre el Reino de España y el Reino de Arabia Saudita. De la lectura del mismo se desprende rápidamente que el principal objeto de la relación bilateral es la cooperación en asuntos económicos. A España interesa el petróleo saudí, y a los saudíes les interesa de España la industria tecnológica, el medio geográfico entendido en su más amplio sentido (ganadería, aguas, agricultura) y las infraestructuras para la comunicación y el transporte. [10]

Existen unos intercambios comerciales relevantes en materia de exportación e importación, aunque no son de importancia estratégica para ninguna de las naciones, y son en cualquier caso favorables para Arabia Saudita a raíz de la venta de ingentes cantidades de crudo a España. De hecho, en 2013 España importó por un valor 5.845 millones de euros, mientras que exportó a Arabia Saudita por valor de 2.376 millones de euros[11], vendiéndose en ese mismo año material de defensa, sin incluir el de doble uso, por valor de 406.437.355 euros.[12]

Las relaciones económicas Arabia Saudí-España son un ejemplo, con ciertas variaciones cuantitativas, de la tónica general de las relaciones económicas de España con las naciones de la península arábiga que tratamos en este trabajo.

Al final el resultado es, bien de forma fortuita bien de forma premeditada, que existe una sistemática en la que España en un primer momento establece una buena relación en la materia que sea con Arabia Saudita y esto pasa a convertirse en una cabeza de puente para avanzar en las relaciones con el resto de países de la península, que poco tiempo después firman acuerdos similares. Esta tendencia se aprecia en los acuerdos de cooperación económica y de defensa.

---

[10] http://noticias.juridicas.com/base_datos/Admin/a220207-aec.html
[11] http://www.icex.es/icex/es/navegacion-principal/todos-nuestros-servicios/informacion-de-mercados/paises/navegacion-principal/el-pais/relaciones-bilaterales/index.html?idPais=SA#2
[12] Datos obtenidos de los documentos de EEEMD del año 2013

Por otra parte, en el sector de energía es de sobra conocido que casi todas las naciones europeas incluida España es muy dependiente de los hidrocarburos. Sin embargo, a nivel nacional se ha realizado una excelente política de diversificación de los suministradores de energía evitando grandes dependencias de un solo proveedor.

A continuación se incluyen las estadísticas de la venta de material de defensa (sin incluir el de doble uso) a los siguientes países y en el mismo orden que sigue: Arabia Saudita, Bahréin, Catar, Emiratos Árabes Unidos y Omán.

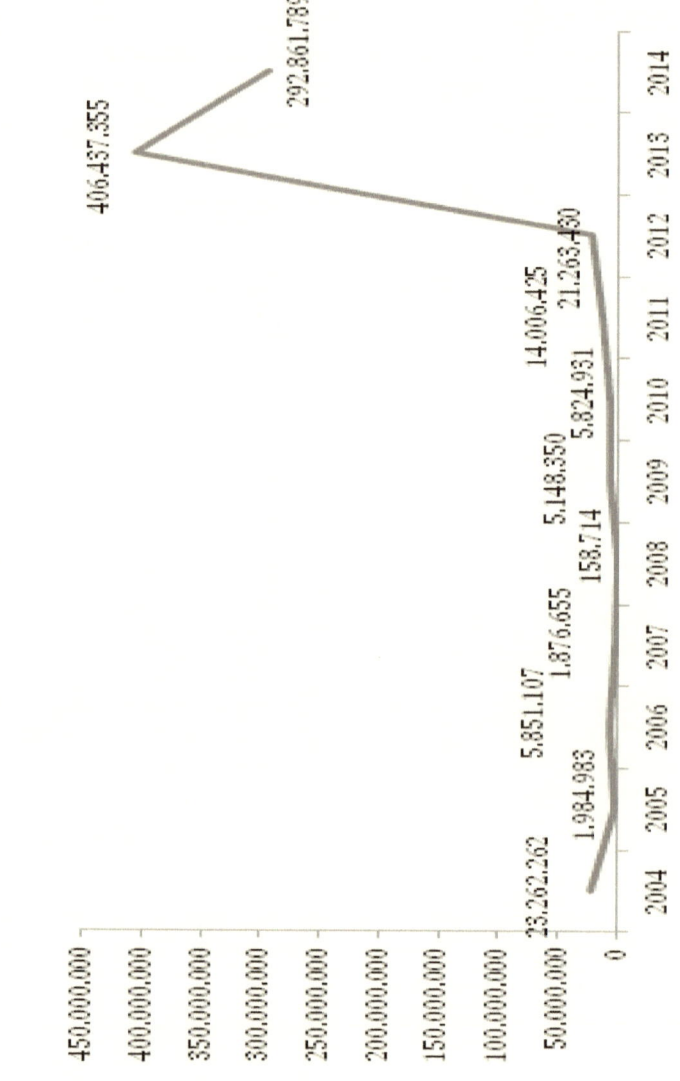

Gráfico 2 - Ventas anuales de material de defensa a Arabia Saudita (€)

23

[13] Datos obtenidos de los documentos de EEEMD de los años 2004 a 2014.

26

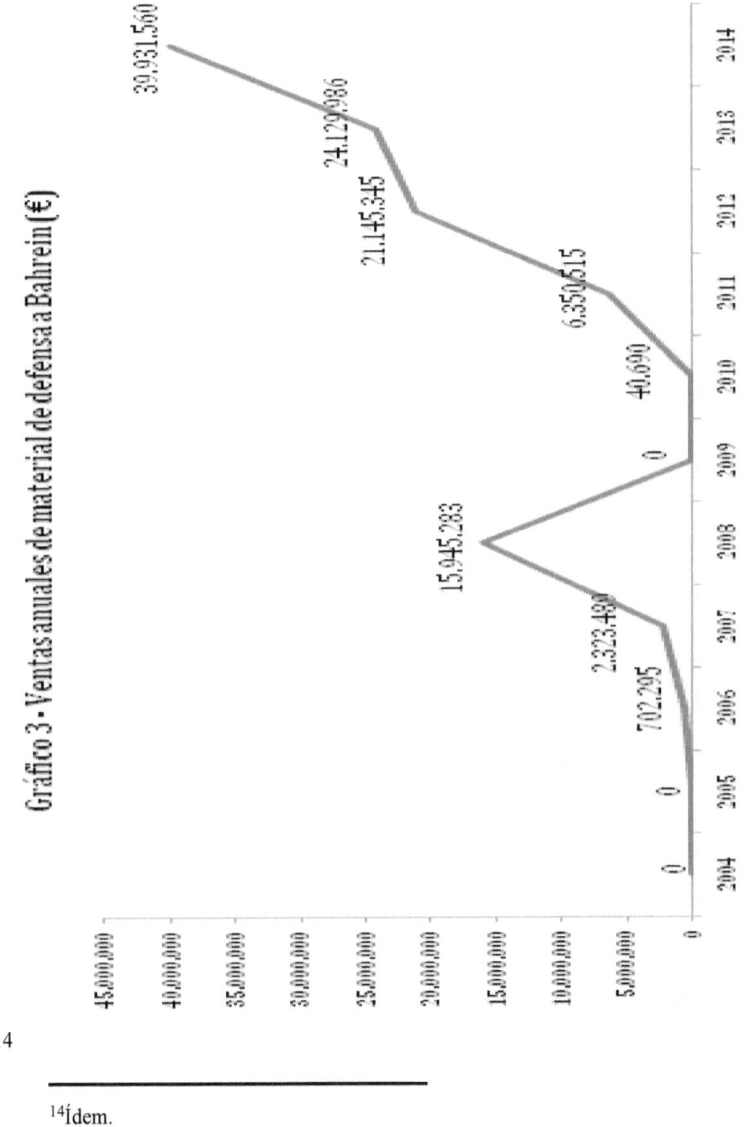

Gráfico 3 - Ventas anuales de material de defensa a Bahrein (€)

14

---

14 Ídem.

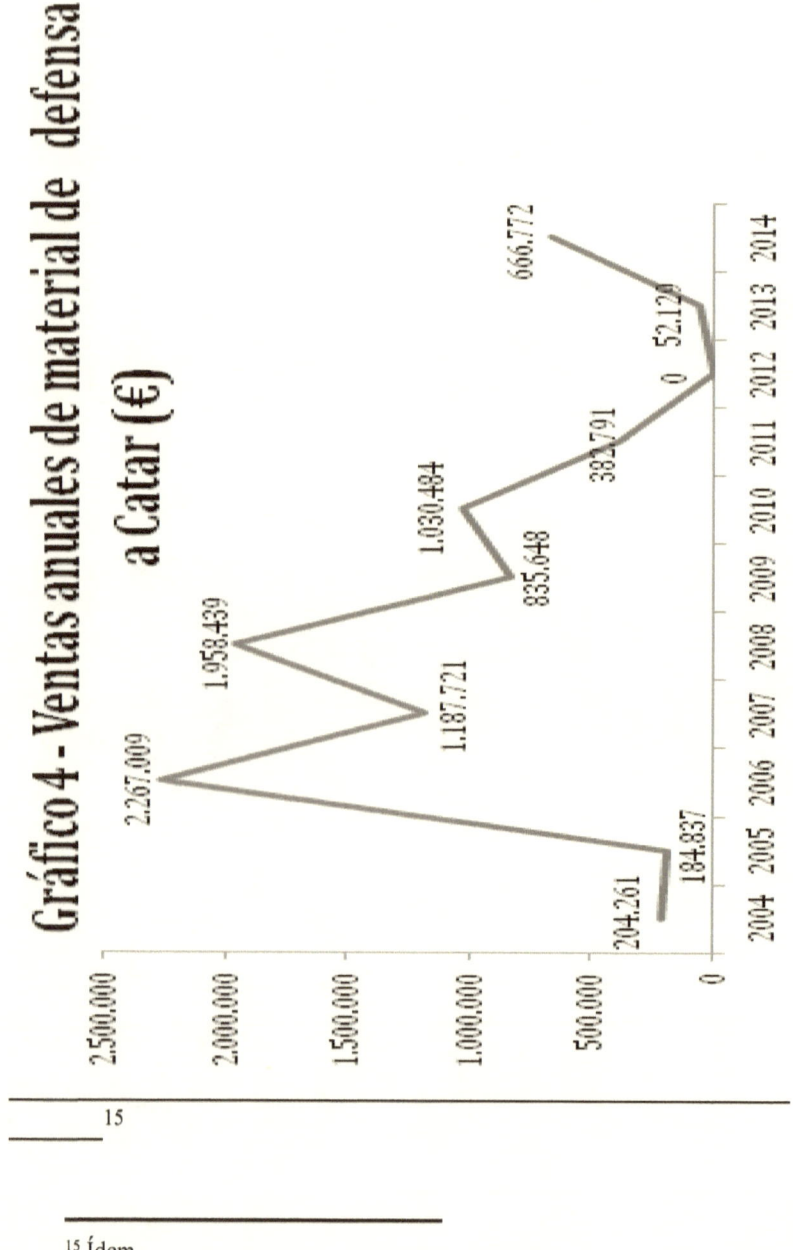

Gráfico 4 - Ventas anuales de material de defensa a Catar (€)

204.261
184.837
2.267.009
1.958.439
1.187.721
1.030.484
835.648
382.791
0
52.120
666.772

2004 2005 2006 2007 2008 2009 2010 2011 2012 2013 2014

2.500.000
2.000.000
1.500.000
1.000.000
500.000
0

15

---

15 Ídem

16, 17

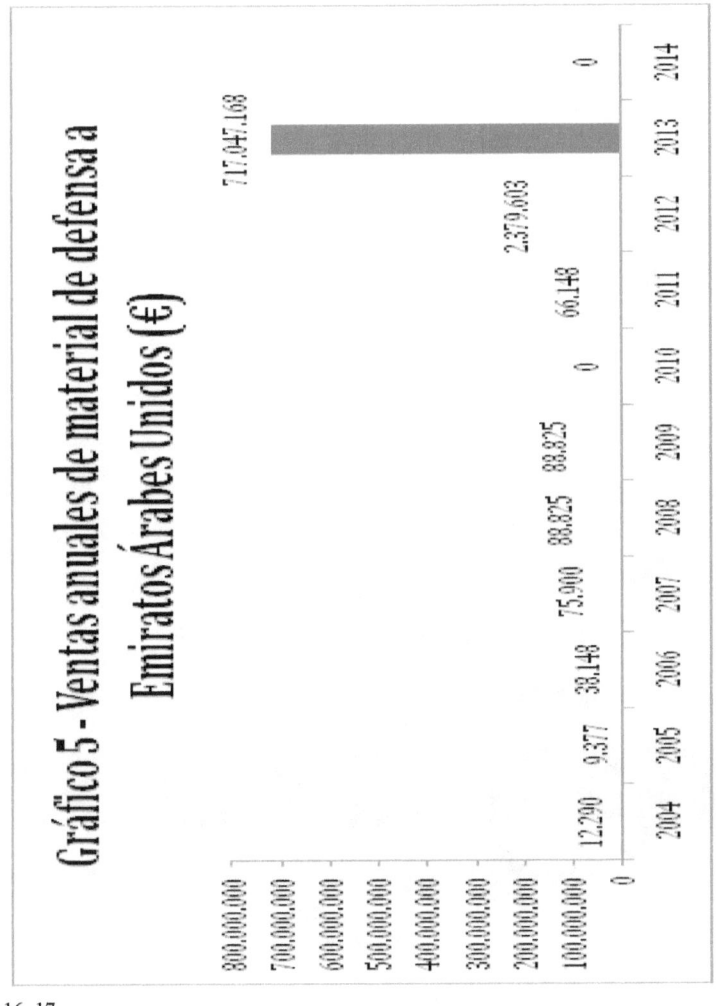

Gráfico 5 - Ventas anuales de material de defensa a Emiratos Árabes Unidos (€)

Las relaciones de defensa con EAU (Grafico 5) habían sido tradicionalmente las más débiles de todas las que mantiene y ha mantenido España en la península arábiga. Sin embargo, el resultado final cambia por los ingresos obtenidos en el año 2013, en que EAU adquirió tres aviones de reabastecimiento en vuelo A330 MRTT[18] fabricados por EADS-CASA, así como en menor medida bombas para aviación[19] por 717 millones y 46.000 euros, respectivamente.[20]

Imagen 2 - Airbus 330 MRTT de la Real Fuerza Aérea Australiana abasteciendo a dos F/A-18 del Ejército del Aire de España

Dichos aviones de reabastecimiento en vuelo (Imagen 2) son similares a los usados en el transporte militar o civil y son modificados para llevar en su interior tanques de combustible

---

[18] http://www.globalider.com/las-exportaciones-de-material-militar-y-de-defensa-espanol-se-duplicaron-en-2013-3/

[19] Datos obtenidos de los documentos de EEEMD del año 2013.

[20] http://www.globalider.com/las-exportaciones-de-material-militar-y-de-defensa-espanol-se-duplicaron-en-2013-3/

para poder abastecer en vuelo a otras aeronaves y así aumentar
su autonomía operacional.

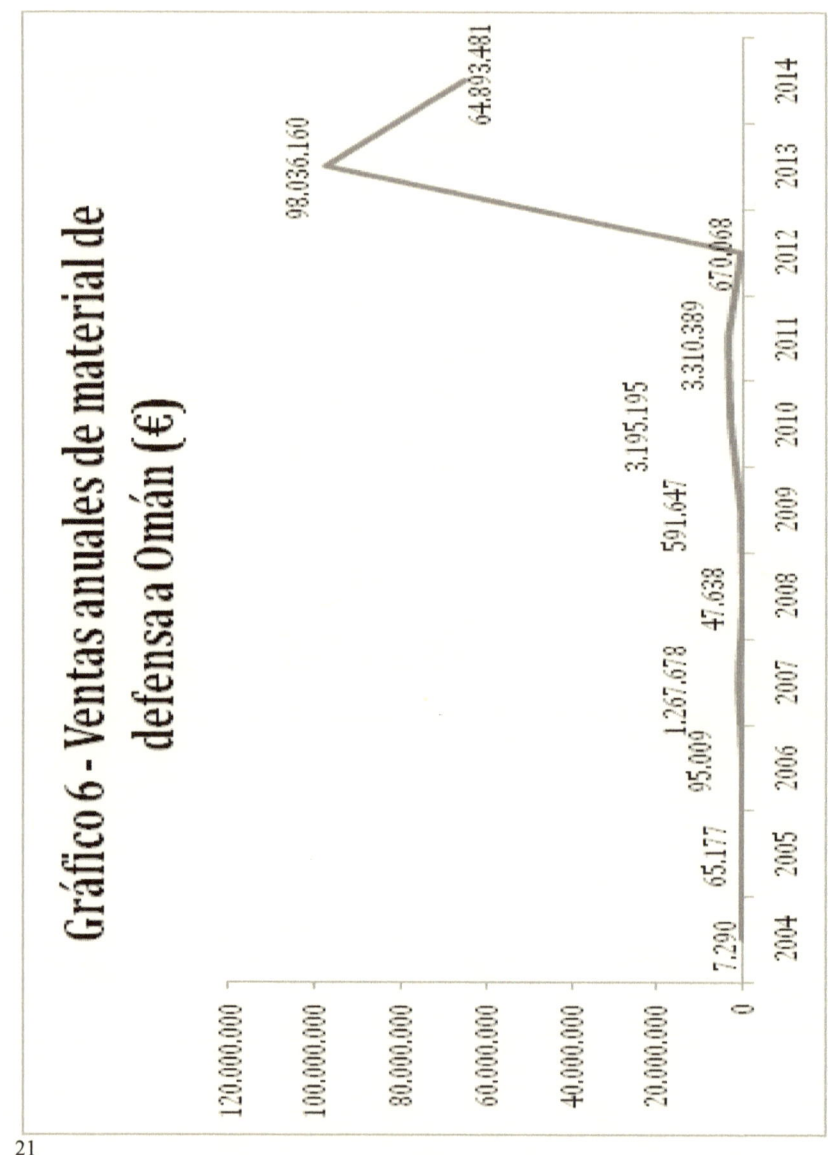

Gráfico 6 - Ventas anuales de material de defensa a Omán (€)

21

21 Datos obtenidos de los documentos de EEEMD de los años 2004 a 2014.

32

Analizando todas las estadísticas anteriores se obtienen varias conclusiones; una de ellas es la idea ya expuesta anteriormente de que la venta de material de defensa en estos países depende de pedidos puntuales. En ese sentido cada año se "juega el partido" por adquirir los lucrativos contratos de la península arábiga en competición con empresas de todo el mundo.

Entre líneas se aprecia que, a pesar de depender de los contratos concretos celebrados anualmente, existe una tendencia hacia una clara expansión de las exportaciones de defensa a partir del año 2012, con la excepción de Catar que curiosamente sigue la línea de tendencia contraria. El motivo de esto podría deberse a varios factores. Así el pequeño tamaño de Catar hace que sus necesidades de adquisición de material de defensa sean inferiores de tal forma que la variedad de sistemas de defensa al ser menor puede ser cubierta por un menor número de empresas extranjeras, lo que limita las posibilidades de venta al haber mayor competencia para una industria como la española, modesta en comparación con la de Estados Unidos, Rusia, Francia, China, Gran Bretaña y otros. A ello cabría sumar unas relaciones tradicionalmente menores, así como una política y esfuerzos menos cuidados con Catar que con otras naciones de la península arábiga.

Es de sobra conocido que en la península arábiga, desde el punto de vista político y en parte económico y militar, es Arabia Saudita el centro de gravedad sobre cuya órbita se mueven en mayor o menor cercanía los países tratados en este documento.

Es nuestra opinión, sustentada sobre todo en las intervenciones durante la primavera árabe por parte de Arabia Saudita en Bahréin, este último es un estado satélite de Arabia Saudita y por eso se aprecian unas tendencias de intercambio económico España-Arabia Saudita y España-Bahréin de características similares y paralelas.

De hecho, coincide en todos los países señalados que en el periodo 2010-2012 es cuando las relaciones comerciales de defensa entre España y todos ellos se vuelve de mayor envergadura.

Por último, en el Gráfico 7 se comparan las exportaciones totales por país entre 2004 y 2014.

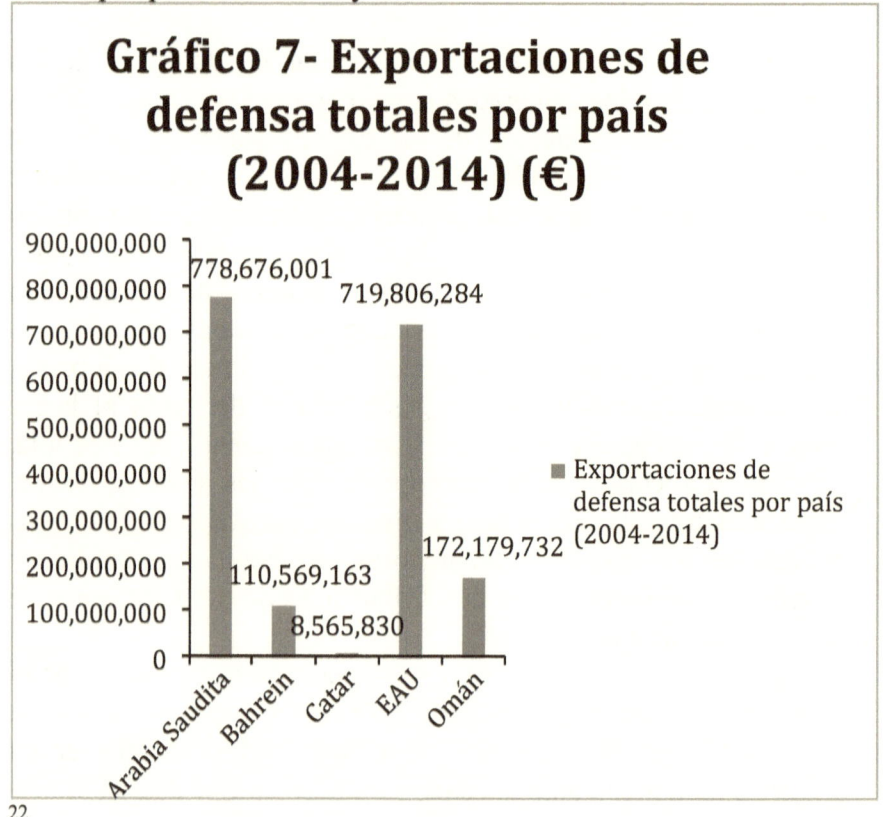

Gráfico 7- Exportaciones de defensa totales por país (2004-2014) (€)

22

Mediante una visión de conjunto y utilizando a Arabia Saudí como referencia, las relaciones económicas de defensa con las naciones del Golfo Pérsico son bastante buenas, en

---

[22] Ídem.

especial si tomamos en términos relativos la población e ingresos respectivos de cada una de esas naciones.

Destaca en proporción a su tamaño las buenísimas relaciones con EAU. En el polo opuesto Catar, con quien resulta claro que no existe una relación profunda de suministro de material de defensa.

Por último, cabe destacar que las relaciones económicas de defensa con Yemen han sido minúsculas y por ello no se van a tratar en profundidad en el presente trabajo. Básicamente durante varios años se suministraron cantidades muy bajas de determinados componentes químicos, con costes inferiores a los 1.000 euros. Eso sí, al parecer un avión de transporte CN-235 español financiado por EEUU, acordado en 2011, fue transferido a Yemen en 2013[23], aunque esta transacción no figura como una venta oficial a Yemen.

<u>Relaciones militares</u>

La industria de defensa española sólo realizó ventas opacas, escasas e irregulares a estados de la península arábiga hasta bien entrada la primera década del siglo XXI. Anteriormente la industria militar española estaba concentrada en la venta a nuestras FFAA bajo un modelo de dependencia estatal anticuado y poco competitivo.

Sin embargo, a partir de la década de los 90 se privatizaron muchas de las industrias de defensa y se hizo un verdadero esfuerzo por convertirlas en una maquinaria competitiva y económicamente independiente de las adquisiciones de defensa nacionales.[24]

Los esfuerzos se vieron recompensados a partir de la primera década del siglo XXI cuando las exportaciones en

---

[23] Base de datos de transferencias de armas del SIPRI
[24] http://www.defensa.gob.es/Galerias/dgamdocs/Estrategia-Industrial-de-Defensa-2015.pdf (Página 7)

general, y a la península arábiga en particular, aumentaron notablemente.

Este crecimiento se debió a una mayor competitividad de los productos españoles, a una relación mejor cuidada y más activa en materia de defensa con las autoridades de los países de la península arábiga, en especial Arabia Saudí, y al aumento de las tensiones regionales entre Irán y Arabia Saudita lo que a su vez redundaba en un mayor gasto en defensa.

A esto hemos de sumar las consecuencias del reciente conflicto de Yemen, en el que existe una decidida intervención de Arabia Saudita y sus aliados por tierra, mar y aire con el consiguiente aumento del gasto militar.

Concretando la situación, en materia militar España ha firmado diversos acuerdos y memorandos de entendimiento (MOU en adelante) con Arabia Saudí.

Como acuerdos directamente vinculantes encontramos el Acuerdo de cooperación de defensa de 2008 y el Acuerdo técnico para el entrenamiento en el Eurofighter del personal de la Real Fuerza Aérea de Arabia Saudí en 2010.

Además, se ha firmado un memorando entre la Oficina Nacional de Seguridad de España y el Ministerio de Defensa saudí en 2011 y un segundo memorando de entendimiento y de asociación de Arabia Saudí al MOU del programa del avión de combate Eurofighter.

La figura del memorando resulta un tanto controvertida ya que por su carencia a priori de efectos vinculantes en DI puede ser utilizado a modo de acuerdo oculto entre las partes. Desde el punto de vista del procedimiento de aprobación ofrece numerosas ventajas ya que no requiere ser presentado ante el parlamento español para proceder a su aprobación al tener un carácter más administrativo que jurídico.

En 2007 Reino Unido vendió a Arabia Saudita 72 cazas de generación 4+++ Eurofighter[25] muy avanzados y que requieren de personal altamente cualificado para ser operados y mantenidos adecuadamente. En el diseño y producción de la susodicha aeronave participaron dentro de un consorcio de empresas europeas algunas españolas.

El Ejército del Aire de España ya adquirió y aprendió a operar el Eurofighter y hoy en día el entrenamiento de los pilotos sauditas en España[26] en el manejo del avión de combate Eurofighter constituye uno de los puntos más interesantes del acuerdo entre Arabia Saudita y España.

Aunque Arabia Saudita procura diversificar sus compras militares, sin lugar a dudas los Eurofighter conforman uno de los pilares de la garantía de obtención de la superioridad o de la supremacía aérea contra cualquiera de sus países vecinos. En este sentido contar con una fuerza de 72 de estos avanzados cazas supone un pilar del operativo que garantiza la seguridad estratégica y táctica saudí. Que Arabia haya acudido a España en busca del entrenamiento de sus pilotos demuestra las buenas relaciones y la confianza de este país en la marca España en materia de defensa.

[25] http://www.infodefensa.com/es/2008/06/07/noticia-espana-y-arabia-saudi-firman-un-acuerdo-de-cooperacion-militar-sin-concretar-programas-pero-con-la-voluntad-de-incrementar-el-comercio-de-material-de-defensa.html

[26] http://www.elconfidencial.com/espana/2014-12-20/el-gobierno-relanza-la-venta-de-armas-en-el-golfo-a-la-espera-de-que-viaje-felipe-vi_598604/

Imagen 2 - Eurofighter Typhoon, participación por nación

Resulta curioso que en muchos casos se vete o critique la exportación de material de defensa pero no se sea igual de riguroso a la hora de la exportación del *know-how* y los conocimientos para operar y mantener ciertas armas, en especial las muy avanzadas como el Eurofighter que en manos entrenadas puede ser enormemente mortífero.

Conviene apuntar también que como exportador de material militar España es relativamente estable y fiable ya que al contrario que en otros países de nuestro entorno, como Alemania o Suecia, no existe una presión interna tan grande para evitar la venta de armas o sus técnicas asociadas a países incumplidores de los Derechos humanos, dictaduras, monarquías absolutas, etc.

Los acuerdos que más proyección y envergadura tienen son los que se han realizado con Arabia Saudita, pero a día de hoy existen acuerdos de cooperación en materia de defensa con Bahréin[27] y con Omán[28], ambos firmados en abril y diciembre de 2014, respectivamente.

---

[27]   http://www.hosteltur.com/53084_espana-Bahréin-firman-acuerdo-colaboracion-

En el Gráfico 8 se analiza el tipo material vendido a grandes rasgos a las naciones de la península arábiga.

materia-economica-turistica.html

[28] http://www.europapress.es/nacional/noticia-espana-oman-cooperaran-industria-defensa-formacion-oficiales-20141222162233.html

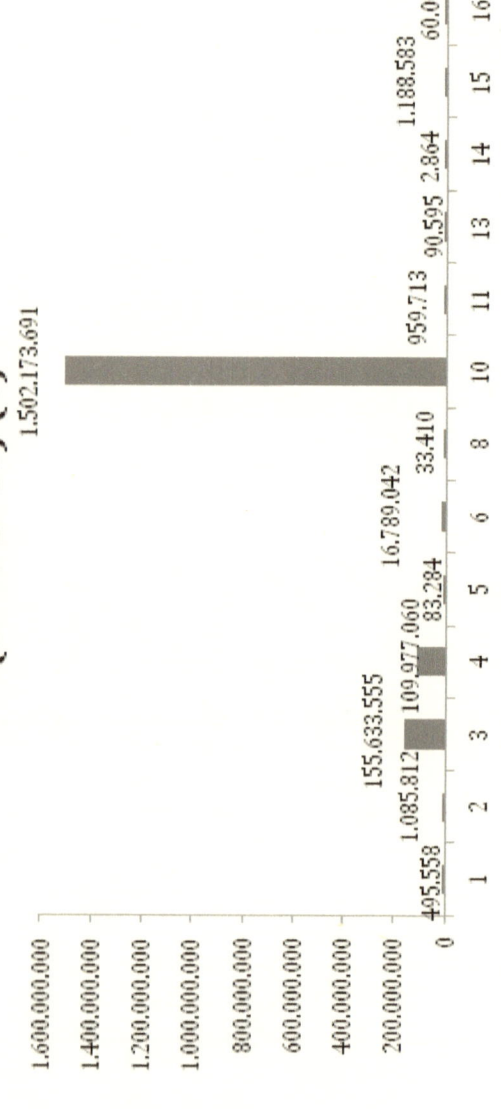

Gráfico 8 - Exportaciones por categoría vendida (2004-2014) (€)

[29] Datos obtenidos de los documentos de EEEMD de los años 2004 a 2014.

Analizando el Gráfico 8 resulta que entre los apartados 3, 4 y 10 del documento EEEMD (Imagen 3) suman el 98,84% de la exportación de material de defensa entre los años 2004 a 2014.

Estos tres apartados consisten en:

3	Municiones, dispositivos y componentes	Municiones para las armas sometidas a control por los artículos 1, 2 ó 12. Dispositivos para el armado de los cebos, se incluyen las vainas, los eslabones las cintas, las fuentes de alimentación de elevada potencia de salida, los sensores, las submuniciones
4	Bombas, torpedos, cohetes, misiles	Bombas, torpedos, granadas, botes de humo, cohetes, minas, misiles, cargas de profundidad, cargas de demolición, "productos pirotécnicos", cartuchos y simuladores, granadas fumígenas, bombas incendiarias, toberas de cohetes de misiles y puntas de ojiva de vehículos de reentradas
10	Aeronaves	Aeronaves de combate, vehículos aéreos no tripulados, motores aeronáuticos, vehículos aéreos teledirigidos, abastecedores de combustible, equipos de respiración presurizados, paracaídas, sistemas de pilotaje automático

Imagen 3[30]

Resulta obvio que uno de los mayores éxitos de la industria de defensa española en el mundo en general, y en la península

---

[30] Ídem.

arábiga en particular, ha sido la venta de aviones de transporte y reabastecimiento en vuelo por parte de la empresa EADS-CASA.

Aunque estos aviones sin duda aumentan las capacidades militares de sus adquirientes en realidad no son imprescindibles para las actuales intervenciones militares llevadas a cabo por Arabia Saudita y sus aliados en Yemen, puesto que los escenarios de combates son muy cercanos a sus propias bases aéreas y por tanto no es muy grande la necesidad de aviones de reabastecimiento para aumentar la autonomía operativa de las aeronaves de combate.

Si bien es cierto que las aeronaves del apartado 10 vendidas por España no están destinadas por su propia naturaleza a producir bajas directamente, sin embargo las municiones de los apartados 3 y 4 por precios mucho más bajos tienen un potencial destructivo infinitamente superior.

Nos encontramos en este punto con una cierta falta de información precisa ya que en los documentos estatales habitualmente no se especifica la clase de munición concreta que se ha vendido.

No obstante, podemos confirmar de forma fidedigna la venta por España de los siguientes elementos con base en los datos obtenidos en el documento EEEMD de los años 2004, 2011, 2012, 2013 y 2014.

Arabia Saudita

Este país en el año de 2014 entre otro material adquirió munición de artillería. Probablemente dicha munición consistió en proyectiles de 155 mm, muy comunes en los ejércitos con material occidental y perfectamente compatibles con los cañones de los M109 sauditas.

Además, también adquirieron repuestos y municiones de carro de combate. Dicha munición probablemente es para los cañones de 105 mm de los AMX-30 o M60 que opera Arabia[31];

aquí nos inclinamos porque dicha munición sea para los AMX-30 ya que no sería Arabia el único país de la región que habría adquirido piezas de repuesto para estos carros de combate.

En 2013 destacan las mismas adquisiciones de proyectiles de artillería, literalmente *"disparos de 155 mm iluminantes"* lo que es un indicio de que probablemente la munición de artillería adquirida por Arabia Saudí en 2014 fue también de 155 mm.

Bahréin

En el caso de este país lo más interesante es la *"munición de defensa antiaérea"*[32] adquirida durante 2012, 2013 y 2014.[33] En España apenas hay piezas de artillería antiaérea de tubo en dotación y en Bahréin ocurre lo mismo.

Una de las piezas de tubo más comunes en todo el mundo y también en Bahréin y España es el cañón antiaéreo de doble tubo Oerlikon de 35 mm suizo, cuya munición es fabricada por Expal. Lo más normal es que la munición suministrada sea para esta arma. No obstante, aunque sería más raro por la edad de la pieza en el ejército español, es posible que se pueda haber vendido munición para el cañón L/70[34] de 40 mm, que también es fabricada por Expal y que es posible que esté en dotación en ese país.[35]

En el año 2012 Bahréin adquirió morteros de España. Las piezas vendidas concretamente podrían ser de tres calibres de la gama de morteros ECIA, de 60 mm, 81 mm o 120 mm.[36]

Catar

---

[31] http://www.globalsecurity.org/military/world/gulf/rslf-equipment.htm

[32] Datos obtenidos del documento EEEMD del año 2014

[33] Datos obtenidos de los documentos EEEMD de los años 2012, 2013 y 2014

[34] https://www.google.es/search?q=L/70+ejercito+espa%C3%B1ol&biw=1093&bih=514&source=lnms&tbm=isch&sa=X&ved=0ahUKEwjykLCn2PXNAhXE2BoKHWxlD8sQ_AUIBigB#imgrc=XpavwNYGvQSbVM%3A

[35] https://www.maxam.net/es/expal/productos/municiones/municion_calibre_medio

[36] https://www.maxam.net/es/expal/productos/sistemas_armas/sistemas_mortero Expal fabrica esos tres calibres de mortero para el Ejército español

Como ya ha quedado claro la relación Catar-España en materia militar es la menor de entre los países analizados. Aun así, en el documento EEEMD del año 2014 se muestra que España ha vendido *"recambios para carros de combate de origen francés"*.

Aunque no se especifique, hasta el observador más despistado se dará cuenta de que se está refiriendo a los carros de combate AMX-30 de origen francés que aún utiliza Catar y que en España se hayan en la reserva desde hace años. Teniendo en cuenta que es un carro que ya no usa el ejército español no parece mala idea vender las piezas de los carros sobrantes. La venta de dichos recambios ascendería a un total de 666.772 euros[37].

Emiratos Árabes Unidos

Las relaciones en general con EAU habrían sido menores desde el punto de vista económico de no ser por la adquisición de tres aviones de reabastecimiento en vuelo A330 MRTT[38] fabricados por EADS-CASA y de los que ya hemos hablado anteriormente.

Respecto a la venta de bombas de aviación[39], España y el Ejército del Aire tienen una importante independencia en este sector gracias a la existencia de una industria nacional liderada por Expal.

Tal y como se concretará en el capítulo de Yemen[40], parece que se le ha podido vender a EAU bombas BRPS-250 superfrenada[41] durante el año 2013[42]. El coste de adquisición de las mismas fue de 46.606 euros. Sin embargo en 2011[43] la

---

[37] Datos obtenidos del documento EEEMD del año 2014

[38] http://www.globalider.com/las-exportaciones-de-material-militar-y-de-defensa-espanol-se-duplicaron-en-2013-3/

[39] Datos obtenidos de los documentos EEEMD años 2011 y 2013

[40] *Acudir al capítulo III sobre el armamento español en Yemen, página 27*

[41]
http://www.ejercitodelaire.mde.es/ea/pag?idDoc=EBC78C748C0A18F9C125744800291A7D

[42] Datos obtenidos del documento EEEMD del año 2013

adquisición del material del apartado 4, asociado entre otros a bombas de aviación, fue de un total de 1.530.000 euros.

Por último en el año 2011 se habla de la venta de *"carabinas"* a EAU[44]. Dicha clase de material se incluiría en los gastos de tipo 1, esto es *"armas con cañón de ánima lisa con un calibre inferior a 20 mm"*. A dicho elemento se le asigna una cantidad vendida por valor de 11.720 euros.[45]

El término carabina ha tenido diversos significados en el mundo militar, hoy día se consideran carabinas a aquellas armas de fuego similares a un fusil de asalto pero normalmente más cortas y con menor potencia y alcance. Por ejemplo, del G-36 (versión normal) el G-36C sería la versión de carabina.

En principio el importe de 11.720 euros está claro que no es suficiente como para comprar una gran cantidad de armas. Suponiendo un precio razonable de entre 586 y 1.172 euros por unidad, podríamos estar hablando de entre 10 y 20 carabinas vendidas.

Por la cantidad adquirida se deduce que este cargamento muy probablemente está destinado a alguna unidad de las fuerzas especiales del ejército o de la policía de EAU.

Omán

En el caso de Omán se ha vendido bastante material susceptible de ser usado directamente en combate. *"Piezas de repuesto para cañones antiaéreos"*, con toda probabilidad también Oerlikon de 35 mm.[46]

En el año 2014 se hablaba de *"repuestos para aeronaves"*[47]. Estos probablemente eran para los aviones C-295 fabricados por CASA y operados por las FFAA de Omán.[48]

---

[43] Datos obtenidos del documento EEEMD del año 2011

[44] Ídem

[45] Ídem

[46] *http://www.globalsecurity.org/military/world/gulf/oman-army-equip.htm*

[47] Datos obtenidos del documento EEEMD del año 2014

[48] *"World Air Forces 2015 pg. 24"*. Flightglobal Insight. 2015. Retrieved 10 October 2015.

En cuanto a los *"disparos de aeronave"* a priori las únicas aeronaves que comparten las fuerzas aéreas españolas y de Omán son el Eurofighter Typhoon[49], que utiliza un cañón Máuser BK 27 de 27 mm y el BAE Hawk que utiliza un cañón ADEN cuya munición fabrica Expal.[50]

En el caso de que sea munición para el BK-27 deja la puerta abierta a otra pregunta ¿es munición fabricada en España, o España vende munición que a su vez compró a Alemania?

Además, a lo largo de diversos años se señala la adquisición de granadas de mortero a España, lo que es un tanto extraño ya que España lleva usando desde hace décadas los morteros (de diversos calibres) de la marca ECIA que hasta hace poco se desconocía que se encontraran en la península arábiga. No está claro si la munición de estos puede ser compatible con la de otros morteros, en especial británicos o norteamericanos que por afinidad diplomática, política, histórica y militar serían los más probables en Yemen.

En concreto las versiones de ECIA más probables serían las de 120 mm u 81 mm, ambos calibres muy comunes en el equipamiento de fuerzas armadas de todo el mundo.

Además a Omán en el año 2013 se le vendieron *"lanzagranadas"*[51]. Aquí puede existir una cierta confusión, las armas contra carro de infantería consisten normalmente en una granada-cohete (granada propulsada por cohete) por lo que se les llamaba lanzacohetes o lanzagranadas indistintamente; sin embargo, posteriormente aparecieron armas que literalmente lanzaban a distancia granadas, y que también se llamaban lanzagranadas.

Este segundo tipo de arma no es muy común en el ejército español, y los pocos que hay han sido importados. Por eso

---

[49]   https://www.flightglobal.com/news/articles/bae-starts-final-assembly-on-omani-typhoon-422202/

[50] https://www.maxam.net/es/expal/productos/municiones/municion_calibre_medio

[51] Datos obtenidos del documento EEEMD del año 2013

cuando en el documento se refieren a *"lanzagranadas"* cabe suponer que se refieren a su acepción como "lanzacohetes".

España ha mantenido una industria independiente en el campo de los lanzacohetes contando con dos solventes armas, el Instalaza C-90 que es desechable y el Instalaza Alcotán C-100 que tiene mayor precisión y no es de un solo uso.

No está claro cuál ha sido suministrado a Omán, aunque por su mayor simplicidad lo más probable es que estemos ante el Instalaza C-90 que por otra parte ya fue vendido a otras naciones vecinas.

Además está confirmado que este país ha adquirido en 2014 un sistema de vigilancia aérea de la empresa Indra[52] que incluye dos radares Lanza-LRR y dos Lanza-LTR-20.[53]

Parte III - Material de defensa vendido por España: confirmado, potencial y posible en el actual conflicto del Yemen

Yemen es un país que se sitúa en la esquina suroeste de la península árabiga, y tiene frontera en el este con Omán y en el norte con Arabia Saudí.

Desde que comenzara la primavera árabe en 2011 estalló un conflicto civil que con altibajos ha perdura hasta hoy día, y que se recrudeció cuando Arabia Saudí en marzo de 2015 organizó una coalición para intervenir militarmente en aquél país e impedir así que sus aliados del bando pro-Hadi fueran derrotados.

Desde que la intervención Saudí se produjo hemos encontrado importantes cantidades de armamento español en aquel conflicto, lo que tiene importancia en dos sentidos, por un lado

---

[52] http://thediplomatinspain.com/indra-suministrara-un-sistema-de-vigilancia-y-defensa-aerea-al-ejercito-del-aire-de-oman/

[53] Base de datos de transferencias de armas del SIPRI

comprobar el desempeño y las capacidades del material vendido en condiciones de combate, y por otro lado porque pueden haber sido usadas en alguna de las probadas o potenciales violaciones de DDHH que se han producido en este país.

A continuación vamos a tratar sobre el material de defensa español utilizado en el conflicto de Yemen. Para ello contaremos con tres categorías:

1- Material confirmado. Aportaremos evidencias gráficas de su existencia en aquel conflicto.

2- Material potencial, Se sabe que ha sido exportado a países vecinos y que puede haber sido usado. Del mismo aportaremos tanto pruebas documentales como gráficas.

3- Material posible. Del que existen ciertas fuentes pero estas no son fiables o cuya existencia en países vecinos de Yemen no está confirmada.

Por último realizaremos un breve análisis del desempeño del material español en Yemen.

Material de defensa español en Yemen		
Material confirmado/cantidad*	Material potencial	Material posible
Granadas Alhambra-Instalaza / 4-5	BRPS-250 Superfrenada	Corbetas Avante 2200 Combatant
BMR-600 / 7	Proyectiles de artillería de 155 mm	Sistema de morteros EIMOS de 81 mm
URO VAMTAC S3 / 1	Proyectil de carro de combate de 105 mm	Leopardo 2E
Instalaza C-90 / 16	G-36C y/o G-36CE	CETME-C
	Munición de cañón de avión de 27 o 30 mm	
	Morteros de 60, 81 o 120 mm	
	Granadas de mortero de 60, 81 o 120 mm	
	Munición para cañón AA	
	Munición para armas ligeras	
	Piezas de repuesto para AMX-30	

Material confirmado

BMR-600 Pegaso

Este ha sido uno de los vehículos más extendidos y polivalentes en servicio en el ejército español. Nació a finales de los años 70 como vehículo blindado de transporte de tropas inspirado en vehículos como los de las sagas BTR o LAV, rusa y estadounidense respectivamente.

A lo largo del tiempo se han producido numerosas variantes: de transporte, de ingenieros, de ambulancia, experimentales con cañones de 25 mm, de comunicaciones, contracarro, etc.

Su blindaje protege esencialmente contra balas y en Afganistán demostró ser muy vulnerable frente a minas y artefactos explosivos improvisados y probablemente también lo sea frente a lanzacohetes, cañones sin retroceso y es posible que frente a munición antimaterial.

Por lo menos 140 de estos vehículos fueron vendidos a Arabia Saudita en un contrato firmado en el año 1983, siendo suministrados los vehículos a lo largo de 1985 y 1986. El coste de la operación fue de 62 millones de dólares.[54]

Además en el propio Reino de Arabia se han construido localmente[55] bajo licencia española aproximadamente otros 300 vehículos[56] de una modernización local muy similar a la variante española BMR-600M1 con ligeras diferencias. La mayor parte o todos los BMR-600 equipan a la infantería de marina saudita.[57]

[54] Base de datos de transferencias de armas del SIPRI

[55] http://www.eraf.com/uploads/banner/img_we7oxhylti.jpg en esta imagen se aprecia una foto dentro de la fábrica que demuestra que los BMR-600 se fabrican en Arabia Saudita

[56] http://military-informant.com/pressreleases/bmr600saudi-sp-335436394.html

[57] https://www.youtube.com/watch?v=JWrxNWVNP2M

El rol del BMR-600M1 es de vehículo de transporte de tropas y cuenta para su protección con una ametralladora pesada M2 Browning de 12,7 mm. Fue una versión mejorada del BMR-600, que incorporaba novedades en el blindaje y la movilidad.

Sin embargo, los primeros 140 vehículos que llegaron a Arabia en los años 80[58] no pueden ser BMR-600M1 ya que dicha modernización fue aprobada en 1995 y efectuada con posterioridad a esa fecha.[59] Por tanto, la versión vendida en su momento fue probablemente la primera versión del vehículo, especializada en el rol de transporte de tropas y denominada originalmente BMR-3560.50[60]. No obstante, es posible que las versiones de BMR-600 vendidas antes del BMR600-M1 a diversos países de la región sean localmente conocidas como BMR-600P.[61] [62]

Una parte muy importante de los BMR-600 capturados o destruidos estaban en el distrito de Harad[63] junto a la localidad de Midi.[64], ciudad portuaria situada en el norte de Yemen (Imagen 4) junto a la frontera con Arabia Saudita, y allí parece que la infantería de marina saudita fue desplegada y sufrió ciertas bajas a manos rebeldes cuando se produjeron intentos de avance durante febrero de 2016.

---

[58] Base de datos de transferencias de armas del SIPRI

[59] http://www.panzernet.com/articulos/descripciones/bmr600m1/bmr_ap.htm

[60] http://www.militaryfactory.com/armor/detail.asp?armor_id=597

[61]
https://www.facebook.com/Egyptian.infantry/photos/pcb.193260424201672/193260300868351/?type=3&fbid=193260300868351&makeprofile=1&pp_source=photo_view

[62]
https://books.google.es/books?id=i9agpgfZARwC&pg=PA218&lpg=PA218&dq=BMR-600P&source=bl&ots=p2AsKsR-hO&sig=GnaKBaPmQ4rtnJma2jlTD6NX4TQ&hl=es&sa=X&ved=0ahUKEwj9vNmnrvrMAhVIXBoKHZq1AM8Q6AEIajAJ#v=onepage&q=BMR-600P&f=false

[63] http://www.defensa.com/frontend/defensa/bmr-600-m1-saudi-modernizado-destruido-yemen-vn18107-vst164

[64] https://www.youtube.com/watch?v=H4suIjPten4

Precisamente la versión del vehículo que hasta ahora hemos encontrado en Arabia Saudita es de fabricación nacional, similar a la modernización española BMR-600M1, y ha sido obviamente utilizada en las ofensivas contra los rebeldes hutíes por Arabia Saudí, como demuestran las Imágenes 5 a 11.

El BMR-600 era un vehículo polivalente diseñado para la lucha en la llanura europea contra las fuerzas acorazadas soviéticas, no para enfrentarse en una guerra asimétrica contra rebeldes en un clima desértico. Ello, sumado a la pobreza táctica y falta de imaginación que demuestran las fuerzas sauditas da como resultado una pérdida proporcionalmente alta de vehículos BMR-600 saudíes en el conflicto del Yemen.

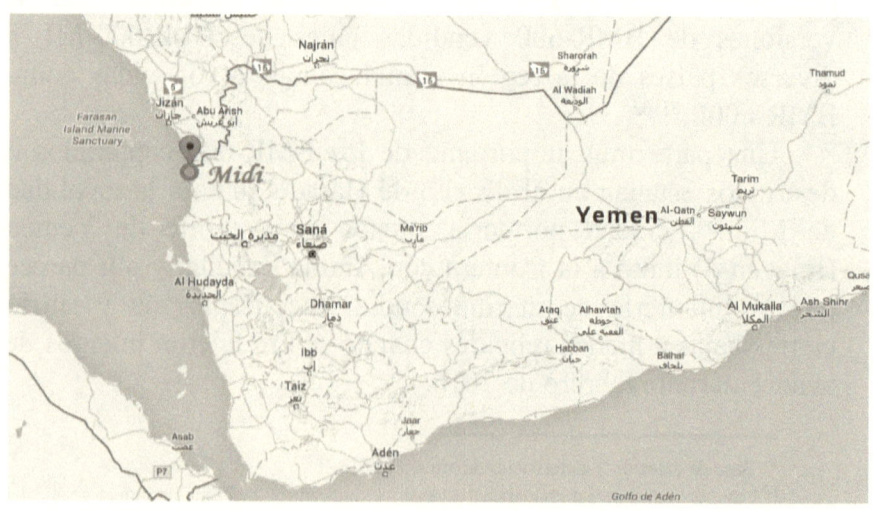

Imagen 4 - Ciudad portuaria de Midi, en el distrito de Harad, Yemen[65]

[65] Ídem

Imagen 5 - BMR-600 saudita dañado por los rebeldes hutíes en Midi, Yemen[66]

[66] https://yemenfightsback.wordpress.com/2016/05/03/spanish-weapons-used-in-saudi-war-against-yemen/

Imagen 6 - BMR-600 saudita capturado por los rebeldes hutíes en Midi, Yemen[67]

Imagen 7 - BMR-600 destruido por los rebeldes hutíes en Midi, Yemen[68]

Imagen 8 - BMR-600 destruido por los rebeldes hutíes cerca de Midi, Yemen[69]

---

[68] https://twitter.com/SamiAlomaisi/status/701125989980569600
[69] https://www.youtube.com/watch?v=jIRQVHaHOMU

Imagen 9 - BMR-600 capturado por los rebeldes huties cerca de Midi, Yemen[70]

Imagen 10 - BMR-600 saudita en Midi, Yemen[71]

[70]https://www.youtube.com/watch?v=jIRQVHaHOMU
[71] https://twitter.com/muh_alqahtani/status/705838416999612416

Imagen 11 - BMR-600 en el área de Midi, Yemen[72]

URO VAMTAC

El URO VAMTAC es un Vehículo de Alta Movilidad Táctica fabricado por la empresa UROVESA desde finales de los años 90. La idea que subyace en el mismo es muy similar a la del Humvee estadounidense, es decir, disponer de un vehículo rápido, blindado y con capacidad para llevar a cuatro o cinco pasajeros que otorga flexibilidad en el entorno de operaciones.

Un poco como ha ocurrido con el BMR-600, el VAMTAC ha sido enormemente polivalente por lo que a día de hoy existen varias versiones: contracarro, antiaéreas o de ambulancia, etc.

A la versión de transporte se le puede añadir o retirar una ametralladora, normalmente M2 Browning de 12,7 mm. Concretamente la versión encontrada en Arabia Saudita es la URO VAMTAC S3[73] y se hallaba junto a la frontera saudí con Yemen[74] (ver Imagen 12). Resulta extraño encontrar tan

---

[72] https://twitter.com/muh_alqahtani/status/705838416999612416
[73] Se aprecia que es la versión S3 por las aberturas del frontal del coche

tempranamente en Arabia Saudita un vehículo que ha sido recién adquirido por la Infantería de Marina española en octubre de 2015.[75]

[74] https://twitter.com/saudiheroes/status/587665527264256000
[75]http://www.estrelladigital.es/articulo/espanha/uro-infanteria-marina-naufragan/20150911192854253255.html

Imagen 12 - URO VAMTAC S3 saudita junto a la frontera de Yemen[76]

Instalaza C-90

EL C-90 es un lanzacohetes (también llamado lanzagranadas) antitanque español fabricado por la empresa Instalaza. Junto con el Alcotán C-100 conforma el tándem de armas antitanque de corto alcance que tiene en dotación el ejército español.

Es de un solo uso, es decir, contiene un cohete en su interior y una vez disparado el tubo se desecha ya que no se puede recargar.

---

[76] https://twitter.com/saudiheroes/status/587665527264256000

Existen del mismo numerosas versiones, todas ellas exteriormente iguales: antitanque, antibúnker, contra infantería, etc.

A mediados de los años 90 la empresa Instalaza junto a otras empresas del sector aprovechó para vender su material a Arabia Saudita, suministrando en este caso lanzacohetes C-90 que, por tanto, deberían proceder sobre todo de esa etapa.[77]

El rol de esta arma en un campo de batalla como Yemen puede ser muy variado. Para las fuerzas saudíes puede tener mucha utilidad con el fin de eliminar francotiradores o posiciones fortificadas, mientras que para los rebeldes que las capturen podrán ser muy útiles contra los vehículos blindados sauditas.

Se han encontrado ingentes cantidades de estos lanzacohetes en este teatro de operaciones, siendo usados tanto por las fuerzas saudíes como por los rebeldes hutíes, en este último caso como consecuencia de sus capturas al ejército enemigo (ver Imágenes 13 a 19).

De hecho, en un vídeo (ver Imagen 16) de los rebeldes de Yemen se aprecia que han capturado una posición del ejército saudita en la que se cuentan, entre otro material bélico, como mínimo tres (probablemente hay más) Instalaza C-90.[78]

En abril de 2016 apareció en internet una imagen subida por un twittero yemení, que aseveraba que al parecer los saudíes o sus aliados habían lanzado un cargamento de armas mediante paracaídas en la localidad de Taiz, entre las que se incluían varias cajas con C-90 (como se aprecia en la Imagen 19). Gracias a las cajas que aparecen en la Imagen 19 podemos saber que se trata de la versión C-90-CR-RB [79], arma principalmente

[77] https://books.google.es/books?id=ihERK-eP3h4C&pg=PA57&lpg=PA57&dq=instalaza+c+90+arabia&source=bl&ots=r-qrLjTFKs&sig=Q-VvLMse5BdrdksrNOJvXWhSdnI&hl=es&sa=X&ved=0ahUKEwjC86GB9u_LAhWDlxoKHU UcBWoQ6AEIUTAK#v=onepage&q=instalaza%20c%2090%20arabia&f=false
[78] https://www.youtube.com/watch?v=yzaHKAvvuKc

diseñada para destruir vehículos con un fuerte blindaje. Resulta curioso observar en la Imagen 19 que las cajas están rotuladas en inglés y que en la caja de abajo en la fecha de producción se aprecia un "1" lo que implica que el arma fue producida en algún momento del siglo pasado ya que si fuera de este milenio empezaría por "2".

Imagen 13 - Instalaza C-90 en manos de soldado supuestamente saudí[80]

---

[79] http://www.revistanaval.com/www-alojados/armada/tear/c90c.htm
[80] https://twitter.com/abboood091/status/680714332808835073

Imagen 14 - Instalaza C-90 supuestamente capturado por rebeldes hutíes
(imagen no confirmada) [81]

[81]http://blog.naver.com/PostView.nhn?blogId=ykk1995&logNo=220626385753&parentCategor
yNo=&categoryNo=18&viewDate=&isShowPopularPosts=false&from=postView

Imagen 15 - Instalaza C-90 capturados en Yemen cerca de la ciudad de Raboah[82] [83]

[82] https://yemenfightsback.wordpress.com/
[83] http://www.rawabed.net/archives/576093

Imagen 16 - Fragmento del vídeo, en él se aprecian tres lanzacohetes
Instalaza C-90[84]

[84] https://www.youtube.com/watch?v=yzaHKAvvuKc

Imagen 17 - Instalaza C-90 usado por las fuerzas especiales saudíes[85]

[85] https://twitter.com/abraxasspa/status/685276081318965248

Imagen 18 - Instalaza C-90 en el punto fronterizo de Al Tuwal, entre Yemen y Arabia Saudita [86]

Imagen 19 - Dos C-90 capturados cerca de la ciudad Saudí de Najran87

[86] https://yemenfightsback.wordpress.com/
[87] https://www.youtube.com/watch?v=gWsUfmDV5gU&feature=youtu.be

Imagen 20 - Las dos cajas lanzadas en paracaídas contienen tres
unidades de C-90-CR-RB cada una, sumando un total de seis Instalaza C-90.
Fueron lanzadas sobre la localidad de Taiz[88]

Granadas Alhambra

Las granadas producidas por la empresa Alhambra llevan en
servicio en el ejército español desde hace una década como
mínimo[89]. Existen dos versiones, las Alhambra-Instalaza, más
antiguas, y las Alhambra D/O, relativamente nuevas (D/O
significa defensiva/ofensiva).

La D/O en si se encuentra rodeada por lo que podríamos
llamar un *"chaleco de metralla",* que técnicamente se conoce
como *"envuelta de fragmentación",* esto es, una capa que
envuelve la granada y que al explotar hace efecto metralla.[90]

---

[88] https://twitter.com/omeisy/status/719839116012220416
[89] El manual de instrucción "Granada de mano Alhambra" data de 2006-2007"
[90] Manual de instrucción Granada de mano "Alhambra" (M16-053) elaborado por el
mando de adiestramiento y doctrina, Dirección de doctrina, orgánica y materiales

Al llevar ese chaleco, la potencia es mayor pero se lanza a menor distancia. A eso se le llama configuración defensiva, en la que el alcance es menor que el radio de destrucción de la explosión.

La configuración ofensiva consiste en retirarle el chaleco de metralla para así poderla lanzar a mayor distancia pero con menor potencial destructivo.[91] Las configuraciones defensivas u ofensivas son sólo aplicables a la Alhambra D/O, que es a la que se le puede retirar la envuelta, cosa que no ocurre con la Alhambra-Instalaza que la lleva por defecto.[92]

El hecho es que en Yemen hemos terminado por encontrar cantidades importantes de estas granadas (ver Imágenes 20 y 21).

Todo apunta a que fueron suministradas en 2004 por España a Arabia Saudita, tal y como se refleja en el documento EEEMD del año 2004 en el que se dice *"Arabia Saudita con 23,3 millones de euros en munición, disparos y granadas"*.

La granada de la Imagen 21 es Alhambra-Instalaza, no D/O. Lo sabemos por las inscripciones que se aprecian en la propia granada[93] ya que si fuera una D/O donde se lee *"HE"* (High Explosive) se leería D/O.[94] [95]

En cuanto a las granadas de la Imagen 20 es difícil saberlo, y podrían ser tanto Alhambra D/O como Alhambra-Instalaza.

---

[91] Manual de instrucción Granada de mano "Alhambra" (M16-053) elaborado por el mando de adiestramiento y doctrina, Dirección de doctrina, orgánica y materiales

[92] http://www.instalaza.es/productos2.html

[93] http://www.infodefensa.com/archivo/images/ALHAMBRA(1)_350x263.jpg

[94] http://cloud2.todocoleccion.net/militaria-armas-fuego/tc/2014/11/24/17/46405877.jpg

[95] http://www.instalaza.es/productos2.html

Imagen 21 - Tres o cuatro granadas (la primera por la izquierda no se aprecia bien) Alhambra (probablemente Alhambra-Instalaza) en Yemen [96] [97]

[96] http://www.rawabed.net/archives/576093
[97] http://www.rawabed.net/archives/576093

Imagen 22 - Granada Alhambra-Instalaza entre las pertenencias de un soldado supuestamente de la Guardia Republicana yemení que intentaba infiltrarse en Arabia Saudí[98]

[98] https://twitter.com/69oio/status/635818537320349696

Material potencial

En esta categoría incluiremos todo el material que muy probablemente o de forma confirmada ha sido suministrado a países vecinos de Yemen o que combaten allí y que, por tanto, es susceptible de haber acabado en el pasado o poder acabar en el futuro en aquel país.

Bomba de aviación BRPS-250 Superfrenada

Esta es una bomba de caída libre, de las llamadas bombas tontas ya que no pueden ser guiadas hasta el objetivo, y de hecho suelen producir más bajas civiles que las bombas guiadas o los misiles.

Se arroja desde un avión volando a baja o muy baja cota[99], y la bomba es de "superfrenada" para descender algo más despacio y dar así tiempo a que el avión que la arroje escape de los daños potenciales generados por la explosión que de otra forma podrían alcanzarle.

Desde 2010 que existe un registro mínimamente exhaustivo del armamento español vendido en el extranjero, España sólo ha vendido bombas de aviación a EAU y únicamente en los años 2011[100] y 2013.[101]

Encontramos esta bomba en los aviones de entrenamiento BAE Hawk en servicio en las fuerzas aéreas de Emiratos Árabes Unidos. Las pocas imágenes que tenemos son de BRPS-250 "inertes", esto es, que son de entrenamiento y están pintadas de naranja para ser fácilmente identificadas y recogidas tras haber sido lanzadas (ver Imagen 22).

Se puede suponer con razonable lógica que aparte de estas bombas de entrenamiento se han vendido otras bombas de aviación ya que en los documentos en que se describe la venta de *"bombas de aviación"* si estas hubieran sido sólo de

---

[99]http://www.ejercitodelaire.mde.es/ea/pag?idDoc=EBC78C748C0A18F9C125744800291A7D

[100] Datos obtenidos del documento EEEMD del año 2011

[101] Datos obtenidos del documento EEEMD del año 2013

entrenamiento es de esperar que lo hubieran especificado aunque sólo sea para quedar bien ante la opinión pública, de igual forma que hicieron con los proyectiles de artillería de 155 mm *"iluminantes"* (término que se refiere a aquella munición que sólo emite luz pero sin explotar, normalmente usada durante la noche).

Puesto que EAU está realizando bombardeos sobre Yemen, no sería raro que termináramos por ver estas bombas u otras de origen español en el conflicto.

En cualquier caso, dado que el autor de este trabajo no ha encontrado pruebas de la existencia en el conflicto del Yemen de bombas de aviación españolas que no sean de entrenamiento, esta información debe ser tomada como una posibilidad y nunca como un hecho constatado.

Imagen 23 - BRPS-250 (naranja) en un BAE Hawk de EAU, sabemos que es de EAU por la bandera de la cola.

Proyectiles de artillería de 155 mm

Resulta razonable aceptar que casi toda o toda la munición de artillería vendida por España ha sido de calibre 155 mm. Este es un calibre estándar para todos los países de la OTAN, por lo que su munición sirve para diferentes piezas. En particular para Arabia Saudita y países vecinos podría funcionar en los cañones M777, M198, CAESAR y en especial en la difundida pieza de artillería autopropulsada M109.

La munición vendida es de tipo *"iluminante"*, ya que está confirmado que fue vendida a Arabia Saudita en 2011[102] y probablemente también se vendió HE (Altamente explosiva) que es la más típica de la artillería, aunque podrían haberse vendido otros tipos.

Por lo demás, desde España se ha vendido munición de artillería a Arabia Saudita durante los años 2011 (sólo iluminantes), 2012, 2013 y 2014.[103]

Imagen 24 - Proyectil de 155 mm similar a los probablemente vendidos por España siendo introducido en un M198 saudita

---

102Datos obtenidos del documento EEEMD del año 2011

103 Datos obtenidos del documento EEEMD de los años 2011, 2012, 2013 y 2014

Proyectil de carro de combate de 105 mm

En el año 2014 se declara la venta de *"munición para carro de combate"* a Arabia Saudita.[104] En principio este país tiene dos carros iguales a dos ya poseídos por España, el M-60 Patton y el AMX-30, ambos compatibles con la munición de 105 mm estándar en la OTAN.

Es probable por ello que la munición vendida sea aquélla. Es cierto que en principio el cañón de los M1 Abrams sauditas es compatible con la munición de 120 mm del Leopardo 2 español, pero no parece probable que el ejército español vaya a vender la munición de su mejor carro de combate. Parece más lógico vender la del AMX-30 que está en la reserva.

De otro lado el M-60A3TTS permanece en servicio en la Infantería de Marina española, por lo que a la hora del mantenimiento es probable que canibalicen otros M-60 para repuestos propios dejando al material procedente de los AMX-30 como la opción de venta más probable.[105]

Si bien la munición de 105 mm era estándar para toda la OTAN algunos países como Francia fabricaron sus propios proyectiles de 105 mm que, aunque son compatibles con un cañón de 105 mm, son diferentes. Es decir que los proyectiles vendidos podrían ser los más comunes de 105 mm o ser proyectiles franceses que normalmente sólo se usan en vehículos franceses aunque sean compatibles con otros carros de combate.

---

[104] Datos obtenidos del documento EEEMD del año 2014

[105]http://www.ejercito.mde.es/materiales/Armamento_pesado_veh_combate/M60.html

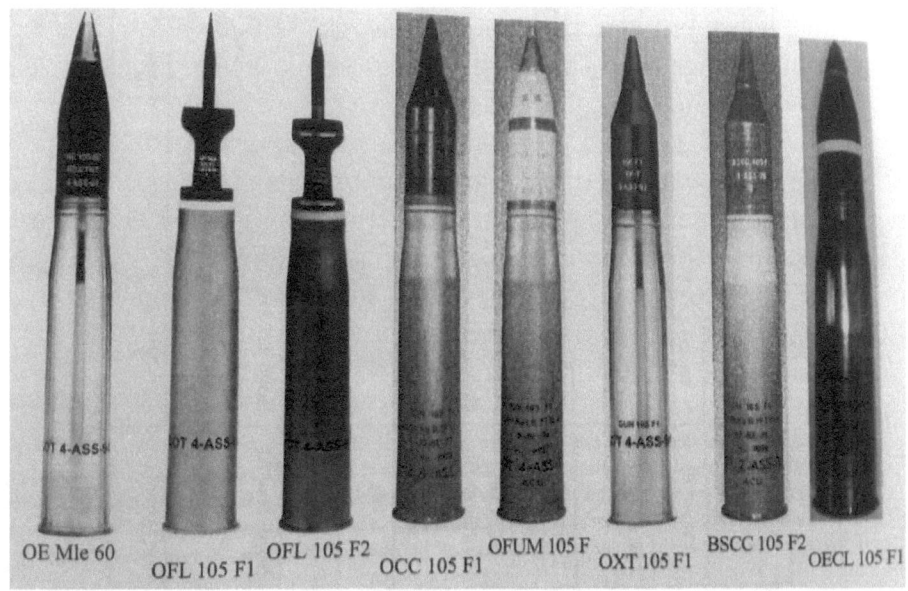

OE Mle 60   OFL 105 F2   OFUM 105 F   BSCC 105 F2
    OFL 105 F1   OCC 105 F1   OXT 105 F1   OECL 105 F1

Imagen 25 - Tipos de munición de 105 mm en este caso de origen francés para cañones de 105 mm

Carabinas G-36C y/o G-36CE

La G-36C es una versión acortada del conocido rifle de asalto G-36 (también llamado HK-36) en servicio en varios países del mundo, incluyendo Arabia Saudita y España.

Es un rifle pequeño y compacto de calibre 5,56 x 45 mm, estándar en la OTAN y fabricado con polímeros muy ligeros. Además cuenta con rieles para añadirle toda clase de accesorios, miras telescópicas, holográficas, láseres, linternas, asas, etc.

Tal y como se comentó más arriba, en 2011 se vendieron carabinas a EAU[106] y en las fuerzas del Estado español sólo las carabinas G-36CE y G-36C[107] están en servicio.

---

[106]Datos obtenidos del documento EEEMD del año 2011

[107]La prueba de esto reside en las dos fotos de abajo en que aparecen una G-36C y una G-36CE respectivamente

Como ya se indicó anteriormente, el monto total de la operación era tan bajo, poco más de 11.000 euros, que no podíamos estar hablando en este caso de la venta de más de un par de decenas de carabinas.[108]

Por la cantidad y tipo de arma todo apunta a que han sido asignadas a algún tipo de grupo de operaciones especiales que llegado el punto no sería raro pudiera llegar a actuar en Yemen. Decimos esto porque las G-36C son muy típicas de los grupos de operaciones especiales dado su pequeño tamaño y sus grandes posibilidades de incorporar accesorios, lo que las hace idóneas para una amplia gama de operaciones.

Imagen 26 - G-36C con la zona superior de un G-36 en servicio en la Policía Nacional

---

[108] Suponiendo un precio de 440 euros por unidad

Imagen 27 - G-36CE en un grupo de operaciones especiales del ejército español

Munición de cañón de avión

En 2011 se habla de un contrato por valor de 6.350.515 euros relativo a *"disparos de aeronaves"*[109] con Bahréin, y en el año 2013 se acuerda un suministro de *"disparos de aeronaves"* con Omán por un coste de 1.390.500 euros[110]

Los aviones de combate modernos en la mayoría de los casos llevan un cañón con funciones tanto de combate aire-aire como de aire-tierra.

De otro lado la empresa Expal produce munición para el cañón británico ADEN de 30 mm[111]. Este cañón está instalado en casi todos los aviones de combate de origen británico, entre los que se incluyen los Harrier españoles y los BAE Hawk. Este último es muy popular en todo el mundo como avión de entrenamiento avanzado con capacidades de ataque ligero a

---

[109] Datos obtenidos del documento EEEMD del año 2011

[110] Datos obtenidos del documento EEEMD del año 2013

[111] https://www.maxam.net/es/expal/productos/municiones/municion_calibre_medio

tierra y está en servicio en las fuerzas aéreas de Bahréin y Omán, en este último concretamente el BAE Hawk 200.

Por otra parte, uno de los cañones de avión más polivalentes y difundidos es el BK 27 de 27 mm, diseñado en su momento por Máuser y hoy día comercializado por la alemana Rheinmetall.

En el caso del Eurofighter al ser un avión tan caro no es lo normal que se arriesgue a realizar ataques a tierra con el cañón. Este tipo de ataque es mucho más arriesgado que lanzar misiles o arrojar bombas ya que obligan a enfilar el objetivo a una altura relativamente baja pudiendo un avión muy caro ser víctima de artillería antiaérea de tubo o de baratos misiles portátiles superficie-aire.

Bahréin cuenta con los BAE Hawk que usan el ADEN cuya munición fabrica Expal[112].

Además, de Omán se lleva tiempo hablando sobre la posible adquisición de cazas Eurofighter y aunque no encontramos confirmación, ya que el ejército omaní tiene poca presencia en los medios, parece probable que el contrato de adquisición se haya celebrado o se celebre en un futuro próximo.[113] Igualmente Omán posee el BAE Hawk 200 que de nuevo porta el cañón ADEN.

España y Bahréin comparten el cañón de 20 mm del F-5 y los potenciales Eurofighter omaníes utilizan el cañón BK 27, al igual que los Eurofighter españoles. Probablemente por eso desde España se tiene la capacidad de venderles munición. También es cierto que los BAE Hawk y BAE Hawk 200 portan el cañón ADEN cuya munición puede ser fabricada por Expal.

---

[112] https://www.maxam.net/es/expal/productos/municiones/municion_calibre_medio
[113] https://www.flightglobal.com/news/articles/oman-to-obtain-12-typhoons-eight-hawks-380479/

Imagen 28 - Cañón BK 27 y su munición

Morteros y granadas de mortero

España ha vendido a Bahréin granadas de mortero durante el año 2012, morteros a lo largo de 2012 y 2013 y piezas de mortero en 2014. Por otra parte, a Omán se han vendido granadas para mortero, incluyendo iluminantes y de humo, a lo largo de 2011, 2012, 2013 y 2014[114].

Además, a Omán probablemente se le han vendido morteros españoles desde antes de 2011 pues posteriormente se le están suministrando las granadas de mortero correspondientes.

El ejército español utiliza la gama de morteros ECIA de 60, 81 y 120 mm, siendo los calibres 81 y 120 mm los más populares a nivel mundial y por tanto los más probables para una venta en el extranjero.[115] [116]

---

[114] Datos del párrafo obtenidos de los documentos EEMD de los años 2011, 2012, 2013, 2014

[115] Libro: *Tecnología de defensa, Análisis de la situación española* (2006), Carlos Martí Sempere, página 313

Los morteros en general no se diferencian mucho los unos de los otros más allá del calibre. Su funcionamiento consiste en arrojar una granada en un tiro parabólico normalmente a distancias más cercanas que la artillería. Son relativamente portátiles y permiten a unidades de pequeño tamaño contar con fuego de apoyo integral. Todo ello la hace ser una de las armas más difundidas en todo el mundo.

Aunque no tiene por qué haber ocurrido, podrían haberse vendido municiones de racimo de mortero a Omán[117] antes de que se firmara el tratado que prohibía la venta y uso de este tipo de municiones en el extranjero.

Imagen 29 - Mortero ECIA de 81 mm similar a los que podrían haber sido vendidos

---

[116] https://www.maxam.net/es/expal/productos/sistemas_armas/sistemas_mortero, Expal fabrica morteros y munición de 60 mm

[117]A Libia se le vendieron granadas de racimo de fabricación española MAT-120 para mortero antes de la entrada en vigor de la normativa que prohibió su venta, uso, fabricación o almacenamiento en o desde España

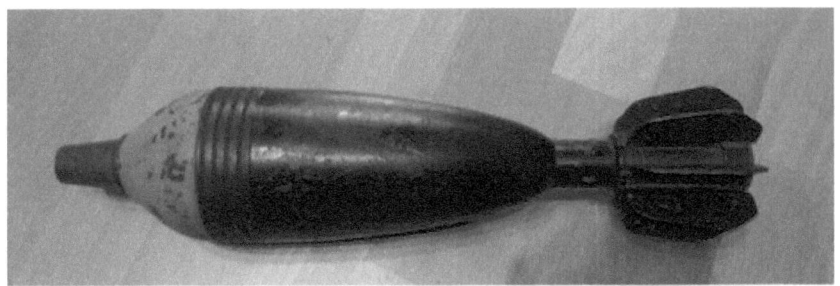

Imagen 30 - Granada de mortero ECIA de 81 mm similar a las que podrían haber sido vendidas

Munición antiaérea

Como ya he comentado anteriormente en este trabajo resulta claro que España vendió tanto a Omán como a Bahréin *"munición de defensa antiaérea"*. La única pieza de artillería de tubo en servicio en el ejército español es el Oerlikon de 35 mm[118] , por lo que es más que obvio que la munición vendida probablemente es de 35 mm para dicho cañón.

Como cualquier cañón antiaéreo su velocidad de disparo es muy alta, unos 1.100 proyectiles por minuto (la mitad de cadencia por tubo) pudiendo tener una cierta capacidad de penetración contra vehículos ligeramente blindados.

Este tipo de armas pueden ser usadas para dar fuego de apoyo terrestre, tal y como hemos visto en numerosas ocasiones con el ZU-23-2 ruso de concepto similar al Oerlikon.

Por otra parte, está el exitoso cañón de origen sueco Bofors L/70 de calibre 40 mm. Aunque este hace décadas que no está en servicio en las FFAA españolas, lo cierto es que sigue siendo muy popular en todo el mundo y no sería imposible que se hayan adquirido algunas municiones almacenadas al Ejército español o a Expal, que aún podría fabricar su munición.[119]

---

[118] http://www.ejercito.mde.es/materiales/

[119] https://www.maxam.net/es/expal/productos/municiones/municion_calibre_medio

Imagen 31 - Munición de 35 mm del Oerlikon similar a la que probablemente ha sido vendida

En los años 2010, 2012 y 2013 se habla de la venta de *"repuestos para cañón antiaéreo"*[120] a Omán, de nuevo casi con toda certeza para el cañón Oerlikon.

Munición y armas ligeras en general

Durante los años 2013 y 2014 se habla de *"munición diversa"*[121] vendida a Omán, lo que podría abarcar munición de calibre 5,56 mm, 7,62 mm o 12,7 mm para rifles de asalto,

---

[120] Datos obtenidos de los documentos EEEMD de los años 2010, 2012 y 2013
[121] Información obtenida del documento EEEMD de los años 2013 y 2014

ametralladoras medias y ametralladoras pesadas, así como calibres menores para pistolas y subfusiles.

España vendió a Arabia Saudita material de la categoría 1[122] , esto es *"Armas con cañón de ánima lisa inferior a 20 mm"*[123] por valor de 110.813, 371.700 y 8.125 euros a lo largo de los años 2005, 2006 y 2007, respectivamente[124]. En total estamos hablando de 490.638 euros a lo largo de los tres años.

Normalmente cuando se venden armas junto a ellas se vende munición. El apartado que incluye la munición es el 4 *"municiones, dispositivos y componentes"*[125]. Así, la munición vendida por España a Arabia Saudita alcanzó un valor de 9.183.562, 10.825 y 1.308.450 euros a lo largo de los años 2004, 2005 y 2006 respectivamente, sumando un total de 10.502.837 euros.[126]

Aunque no cabe esperar que la totalidad de esa munición sea de armas ligeras, ya que probablemente una parte importante es para morteros y artillería, sí se puede decir que otra parte no menos importante ha sido vendida para aquel tipo de armas.

Hay que tener en cuenta que el ejército saudí utiliza rifles de asalto G-36, G3, ametralladoras MG3 y M2 Browning, iguales o compatibles con los de nuestras FFAA, y que hay más armas compartidas por ambos ejércitos cuyo calibre coincidiría con el de pistolas, subfusiles y carabinas, en su mayoría de origen alemán, que han sido adquiridas por España a lo largo de los años.

Por tanto, es posible que parte de aquel material en manos sauditas proceda de España, tanto respecto a las armas en sí como respecto a su munición (ver Imágenes 31 y 32).

---

[122] Datos obtenidos de los documentos EEEMD
[123] Ídem
[124] Ídem
[125] Ídem
[126] Datos obtenidos de los documentos EEEMD de los años 2004, 2005 y 2006

Imagen 32 - Empezando por la izquierda ametralladora M2 Browning y MG1/MG3, iguales a las del ejército español capturadas al ejército saudí en Yemen[127]

[127] http://www.rawabed.net/archives/576093

Imagen 33 - Tres rifles de asalto G-36 o G-36E (el tercero, cuarto y quinto por la izquierda) capturados por los hutíes a Arabia Saudita durante el verano de 2015[128]

Piezas de repuesto para AMX-30

El AMX-30 es un carro de origen francés bastante ágil pero con un blindaje relativamente delgado y una mecánica no muy fiable.[129]

En España los AMX-30 llevan más de una década en la reserva. Parece que sobre los mismos se ha construido una relación económica en materia de defensa regular, aunque de relativamente poca cuantía, entre Catar y España. Decimos esto lo decimos porque a lo largo de los años 2010, 2011, 2013 y 2014[130] las piezas de repuesto de carros de combate han compuesto el grueso de la exigua relación entre ambos países.

---

[128] http://www.alalam.ir/news/1710063
[129] Obtenido de conversaciones con personal que fue tripulación de este carro

Esta situación no debe extrañarnos ya que el costoso y deficitario almacenamiento de los AMX-30 puede ser menos gravoso gracias a este tipo de ventas.

Imagen 34 - AMX-30 catarí que probablemente usa repuestos españoles

Miscelánea

En este apartado incluiremos todos aquellos elementos de carácter logístico, técnico, mecánico, de comunicaciones y otros que encontramos entre el material vendido por España.

Citamos los aviones de carga C-295 en las Fuerzas Aéreas de Omán, y A-330 MRTT en las de EAU, así como dos aviones de reabastecimiento en vuelo para Arabia Saudita en 2014 por un total de 359 millones de euros[131]. Además, en los EEEMD figuran válvulas, antenas de comunicaciones, cordones detonantes, sistemas de vigilancia de perímetro, sistemas de

---

[130] Datos obtenidos de los documentos EEEMD de los años 2010, 2011, 2013 y 2014.

[131] Datos obtenidos del documento EEEMD del año 2014.

contramedidas electrónicas, documentación técnica, revólveres, vehículos no blindados, y equipos de radiofrecuencia.[132]

Material posible

En este epígrafe incluiremos todo aquel material español del que hay rumores no confirmables o no fiables sobre la existencia en la península arábiga. También incluiremos material que va a acabar en el futuro con toda probabilidad en esa parte del planeta ya que su venta está totalmente o casi confirmada.

Corbetas Avante 2200 Combatant

Las corbetas son buques de guerra ligeros y polivalentes con limitadas capacidades antibuque, antisubmarino, antisuperficie, de apoyo a tierra, antiaéreas etc. Son relativamente rápidas y por ello son ideales para misiones de escolta, patrullaje y reconocimiento marítimo en general.

Ha sido comentada en España la potencial venta a Arabia Saudita de cinco[133] buques de esta clase fabricados por Navantia en los astilleros de Ferrol y Cádiz[134] (el importe total de la operación podría superar los 2.000 millones de euros[135]), lo que ha llevado a cierto debate político a raíz de la denuncia de ciertas ONG[136].

Aunque en diversos medios se alega que el contrato está a la espera de la rúbrica saudí, los retrasos y el propio carácter de las negociaciones de venta de material de defensa obligan a no dar por sentada la mentada venta.

---

[132] Datos obtenidos de los documentos EEEMD de los años 2010, 2011, 2012, 2013 y 2014.

[133] http://www.defensa.com/frontend/defensa/feijoo-asegura-contrato-navantia-arabia-saudi-esta-solo-firma-vn17686-vst154

[134] http://www.lavozdegalicia.es/noticia/economia/2016/01/15/navantia-prepara-construir-cinco-corbetas-arabia-saudi/0003_201601G15P31991.htm

[135] http://www.defensa.com/frontend/defensa/feijoo-asegura-contrato-navantia-arabia-saudi-esta-solo-firma-vn17686-vst154

[136] http://www.eldiario.es/desalambre/Alarma-exportacion-Navantia-Arabia-Saudi_0_477352451.html

Si la venta se produjera, sería la mayor venta al exterior de la historia de la construcción naval española. Una versión muy similar a la corbeta ofrecida a Arabia Saudita fue vendida a Venezuela.

Las principales preocupaciones sobre esta transacción residen en el uso de estos buques para reforzar el bloqueo naval impuesto por la coalición encabezada por Arabia a Yemen, un bloqueo que puede impedir la llegada de los suministros más básicos a una población de por sí muy empobrecida y dependiente de las ayudas venidas desde el exterior.

Desde un punto de vista operativo, para reforzar el bloqueo de saudíes y aliados en Yemen, la agilidad y capacidad de detección de buques de superficie sumado a las armas de tubo del propio barco, y en especial el cañón Oto Melara de 76 mm, harían de estas corbetas un excelente medio para lidiar con los barcos de transporte que puedan tratar de romper el bloqueo naval.

Imagen 35 - Foto realizada por Navantia de Corbeta Avante 2200 Combatant[137]

Sistema de morteros EIMOS de 81 mm

La empresa Expal cuenta con un interesante vehículo llamado EIMOS (Expal Integrated Mortar System). Básicamente es un VAMTAC que cuenta en su parte trasera con una plataforma para disparar un mortero de 81 mm.

La fórmula parece buena al conseguir un vehículo rápido que proporciona el imprescindible apoyo artillero dado por el mortero. Además, su flexibilidad es idónea para enfrentarse a grupos guerrilleros en una guerra asimétrica como la de Yemen.

A principios de 2016 algunos medios se hicieron eco de una supuesta venta de este sistema a un adquirente de la península arábiga[138]. Dicha venta parece acorde a las necesidades de los países de la zona, pero la veracidad de la misma no ha podido ser confirmada. Si bien es cierto que el camuflaje que se ha aplicado a los vehículos (como se puede ver en la Imagen 35) es efectivamente para el desierto, al tener un color arenoso, lo que sería un indicio a favor de la veracidad de este rumor.

[137] https://rhk111smilitaryandarmspage.files.wordpress.com/2014/07/avante_2200_side-navantia_official_thru_flickr.jpg

[138] http://defence-blog.com/army/spanish-company-delivers-truck-mounted-81-mm-eimos-mortar-system-to-middle-east-customer.html

Imagen 36 - Vehículos portamortero de 81 mm EIMOS fabricados por Expal y supuestamente destinados a algún comprador de la península arábiga

Leopardo 2E

Desde 2011 ha habido rumores de negociaciones de venta de 250 carros de combate Leopardo 2E por parte de Santa Bárbara Systems a Arabia Saudita[139]. El contrato de producirse ascendería a varios millones de euros y a cambio Arabia adquiriría un excelente carro de combate.

La venta española sería posible gracias a las autolimitaciones a la venta de armamento derivadas de la política de Alemania. Sin embargo, aún sería necesario el consentimiento de Rheinmetall, empresa que vendió a España la licencia de producción de los carros Leopard 2 bajo la condición

---

[139] http://www.infodefensa.com/es/2011/03/14/noticia-alemania-y-la-crisis-arabe-frenan-la-venta-de-250-leopardo-2e-a-los-saudies.html

de que a la hora de las ventas en el exterior se requiriese su previa autorización, a su vez ligada a la decisión que tomase al respecto el gobierno alemán.

A pesar de todo y aunque hubo rumores prácticamente todos los años desde 2012, no parece que esta venta se vaya a realizar de forma efectiva y de realizarse podría tardar varios años en formalizarse.

CETME-C

Hay alguna fuente no confirmada que asevera que el ejército saudita cuenta con rifles de asalto españoles CETME-C[140]. Esta fuente afirma que son obsoletos y están en la reserva del ejército saudita. En principio esta información cuadra con lo que cabría esperar de un rifle tan antiguo que además sería fácil de operar para un ejército como el saudí tan acostumbrado al G3 alemán.

El CETME-C es el hermano mayor del famoso y difundido G3 alemán. Utiliza su mismo calibre 7,62 x 51 mm, muy común y potente. Además, tiene un cañón muy alargado con lo que su precisión y alcance a grandes distancias son notables.

A pesar de ello la información no se puede corroborar.

---

[140] https://sites.google.com/site/worldinventory/wiw_me_saudiarabia

Imagen 37 - Arriba CETME-C español similar al supuestamente
poseído por Arabia Saudita, abajo G3 alemán igual a los usados por Arabia
Saudita

Análisis

Respecto al BMR-600 incluso en las versiones más modernas no deja de ser un vehículo un tanto anticuado que ofrece unos niveles de protección relativamente bajos, por eso no es la clase de vehículo que debería ser usado en la punta de lanza de un ataque.

El ejército español pudo comprobar en Afganistán y Líbano que es especialmente vulnerable frente a IEDs (Artefacto Explosivo Improvisado) y presumiblemente minas.

Más allá de poder haber aprovechado sus capacidades anfibias para desembarcar en Midi su uso ha sido carente de imaginación o visión táctica, lo que llevó a que los hutíes con pocos medios pero mejor conocimiento del terreno pudieran capturar y posteriormente destruir varios de ellos.

En cuanto a los C-90 son unos lanzacohetes muy "cómodos" por ser desechables, y además no tienen un gran tamaño o peso, por lo que se pueden arrojar en paracaídas. De otro lado su capacidad de penetración debería ser suficiente contra la mayor parte de los vehículos en Siria, a excepción de los carros de combate.

Además encontramos los proyectiles de 155 mm y las bombas de caída libre BRPS-250, estos son los que tendrían más probabilidades de causar bajas entre la población civil, ya que tienen un radios de alcance entorno al epicentro del impacto de decenas de metros. Esto se acentúa en el caso de las bombas de aviación BRPS ya que son de caída libre y por tanto no pueden ser guiadas hasta el objetivo.

Por último desde el punto de vista militar si se llegaran a usar los EIMOS en Yemen podrían ser una excelente incorporación para actuar en entornos de terrenos extremos como el desierto o la montaña porque este portamorteros proporcionaría una gran agilidad de movimiento y rapidez de despliegue para enfrentarse a las impredecibles tácticas de guerrilla hutíes que deben ser combatidas con armas de gran flexibilidad, armas como el EIMOS.

Parte V - Conclusiones, errores, aciertos y soluciones

Transparencia

Poco a poco gracias a la mayor rapidez y difusión de las tecnologías de la información así como a la creación de redes y organizaciones civiles nacionales, regionales e internacionales se está logrando arrojar cada vez más luz sobre un mercado tradicionalmente opaco, como es el de los productos de defensa.

Buena prueba de esto es que el presente trabajo no podría haber sido realizado de no ser por el documento EEEMD sobre material de defensa publicado en España anualmente por la Secretaría de Estado de Comercio, dependiente a su vez del Ministerio de Economía y Competitividad del Gobierno de España.

Por otra parte, es igualmente cierto que aún existe una notable incertidumbre al no especificarse en el EEEMD en muchos casos qué material se ha vendido exactamente ya que, por ejemplo, no sería lo mismo vender "bombas de aviación" que "bombas de racimo para aviación". Bajo la primera afirmación podría esconderse cualquier tipo de bomba, mientras que la concreción de la segunda permitiría conocer lo que se ha vendido exactamente, y si se llegara a mentir sería posible exigir responsabilidades y evitar que por alegar desconocimiento si se produjese alguna venta ilegal de material militar.

De otro lado, en determinadas adquisiciones, en especial las de importancia estratégica, es posible que los adquirentes prefieran una mayor opacidad para evitar revelar a posibles rivales sus capacidades o intenciones. En este sentido y en pos de respetar la soberanía nacional de los estados adquirentes entendemos plausible la existencia de una cierta opacidad, fundamental en algunos casos para proteger los intereses y derechos legítimos de los estados.

Aplicación del Derecho Internacional

Antes de entrar de lleno en el análisis, cabe decir que el DI está hoy por hoy en una fase temprana de su potencial evolución, sólo es parcialmente aplicado y, en cualquier caso, sus efectos vinculantes se reducen al grado en que sean aceptados por el derecho interno de las naciones. Además, la carencia de una fuerza coercitiva que asegure su cumplimiento impide su aplicación efectiva en muchos casos.

Sentado esto, hay que señalar que España es por lo general un país que adopta y aplica gran cantidad de tratados de DI en esta materia.

Recientemente, en junio de 2013, España firmó el Tratado de Comercio de Armas[141] elaborado por la Asamblea General de la ONU en marzo de 2013[142] y por tanto nuestro país pasó a dotar al mismo de efectos jurídicos vinculantes a nivel nacional. Dicho Tratado también ha sido suscrito por naciones como Reino Unido o Francia, ambos relevantes exportadores de armamento.[143]

Sin embargo, la interpretación que los gobiernos firmantes han venido realizado del susodicho Tratado ha sido un tanto flexible, esto es, que no se ha realizado una aplicación literal sino más bien laxa y abierta del articulado.

De hecho, en el artículo 6.3 del Tratado se estipula *"Un Estado parte no autorizará ninguna transferencia de armas convencionales comprendidas en el artículo 2, párrafo 1, si en el momento de la autorización tiene conocimiento de que las*

---

[141]

http://internacional.elpais.com/internacional/2014/12/24/actualidad/1419426673_544918.html

[142] Conferencia Final de las Naciones Unidas relativa al Tratado sobre el Comercio de Armas, Nueva York, 18 a 28 de marzo de 2013

[143]

http://internacional.elpais.com/internacional/2014/12/24/actualidad/1419426673_544918.html

armas o los elementos podrían utilizarse para [...] ataques dirigidos contra bienes de carácter civil o personas civiles protegidas, u otros crímenes de guerra tipificados en los acuerdos internacionales en los que sea parte"

Resulta obvio que una parte del material que se venda a determinadas naciones de la península arábiga podría ser usado en *"ataques dirigidos contra bienes de carácter civil o personas civiles protegidas"*[144]. En este sentido casi cualquier venta de armamento a aquellos países podría ser considerada contraria al espíritu del tratado, pero ni Francia ni España ni Reino Unido han dejado de intentar vender armamento a los estados de esa zona del planeta.

No es menos cierto que este tipo de tratados crean una situación de desventaja competitiva clara entre los firmantes y los declinantes y que si el texto no es adoptado por algunas naciones sus efectos finales sobre el deseado respeto a los DDHH quedan en papel mojado al haber una nación dispuesta a ofrecer un producto sustitutivo al del firmante del tratado.

<u>Sobre los Derechos humanos y la venta de material de defensa</u>

Hasta ahora organizaciones como Amnistía Internacional o la Fundación Pau, entre muchas otras, llevan a cabo una actuación de crítica al ejecutivo de España en general y a ciertas empresas en particular por la venta de material militar a ciertos países que no respetan como debieran los DDHH, teniendo por objeto dichas críticas la desaparición de todas aquellas exportaciones políticamente contrarias a los DDHH o de dudosa moralidad.

Los éxitos de estas organizaciones son palpables en naciones como Suecia o Alemania donde esta clase de ventas

---

[144]   https://www.amnesty.org/es/latest/news/2015/09/yemen-the-forgotten-war/   -
"Amnistía Internacional ha documentado 30 ataques aéreos [...]Algunos de estos ataques parecen haber tenido deliberadamente como objetivo instalaciones civiles como hospitales, escuelas, mercados y mezquitas, por lo que podrían constituir crímenes de guerra."

tienen mayor repercusión en la opinión pública. Sin embargo, esta fórmula de actuación es a nuestro entender contraproducente ya que ni salva vidas ni hace observar los DDHH ni en definitiva resulta beneficiosa para los intereses nacionales.

En último extremo con cada venta cancelada se pierde dinero y puestos de trabajo de calidad. También se pierde inversión en I+D, *know-how* industrial e independencia en materia militar y, por tanto, en política internacional ya que al depender de productos extranjeros una nación puede quedar expuesta a mayores presiones externas.

Si a cambio de ese precio se salvaran vidas o se lograra el cumplimiento y respeto del DI sería un esfuerzo aceptable. Sin embargo, tampoco se alcanzan los anteriores objetivos ¿por qué?

Imaginemos por un momento que España decide que por una potencial violación de los DDHH no va a vender las mencionadas cinco corbetas de Navantia a Arabia Saudita (página 86). Una vez esto ocurra dicho país no va a tener ningún problema en irse con su dinero a otra parte que no va a poner ninguna pega en vendérselas. Esto provoca que no salvemos ni una sola vida.

A día de hoy existen cuatro naciones con capacidad de satisfacer de forma independiente casi cualquier necesidad de material militar que pueda tener un estado. Estos son Francia, Estados Unidos, China y Rusia. Ninguna de ellas restringe de forma real su venta de material militar por respeto a los DDHH, sino que en todo caso las restringe por intereses políticos y solo en casos concretos.

Por tanto, lo que ocurre es que países como Alemania o Suecia dejan de vender su material y pierden con ello influencia, debilitando así a su industria y reforzando la de países como China o Rusia, que siguen vendiendo su armamento y que en muchos casos no respetan los DDHH ni siquiera a nivel interno.

Una estrategia mucho más inteligente y en pro de salvar vidas debería ser orquestada, a nuestro parecer. Sería mucho más inteligente que se permitiera a las empresas españolas vender el material que producen[145] y llegado el punto, si se verificase una violación regular de los DDHH, utilizar la dependencia de material del adquirente respecto a España para ejercer presión y exigir respeto a los DDHH, salvando además vidas, que debería ser lo prioritario. Obviamente para que la anterior situación se diera debería ser el gobierno quien presionando a las empresas alcanzara los resultados deseados y por ello en última instancia la presión al gobierno para que este actúe debería ser desde nuestro punto de vista la estrategia a seguir.

Por otro lado, que organizaciones como Amnistía Internacional o la ONU tratasen de crear foros donde los principales productores de armas estuvieran integrados y se sometieran a una regulación unificada a la hora de la venta de material de defensa permitiría aplicar los DDHH y el DI evitando que las actuaciones de cumplimiento de DDHH supongan un castigo a la economía mientras que las de incumplimiento sean recompensadas en el mercado.

En este sentido lograr que los principales productores, Francia, EEUU, China y Rusia, aceptaran alguna clase de normativa unificada respecto al tema debería ser el auténtico objetivo ya que evitar que un pequeño productor como España venda armas no impide ni muertos ni violaciones de los DDHH.

En conclusión, vender material de defensa, siempre y cuando éste sea acorde a los tratados internacionales suscritos por España, es positivo para nuestro país. Y utilizar la dependencia de suministro de material del adquiriente respecto a España para obligarle a respetar los DDHH sería mucho más inteligente que dejar de vender armas para que sea otro país, en

---

[145] Obviamente de acuerdo con los límites marcados por nuestro ordenamiento jurídico

la mayoría de los casos mucho menos comprometido con los DDHH quien lo haga.

www.ingramcontent.com/pod-product-compliance
Lightning Source LLC
Chambersburg PA
CBHW022112170526
45157CB00004B/1599